Biser
Glaubensbekenntnis und Vaterunser

Eugen Biser

# Glaubensbekenntnis und Vaterunser

eine Neuauslegung

Patmos Verlag Düsseldorf

*Herrn Ministerpräsident*
*ERWIN TEUFEL*
*dem Repräsentanten einer Politik*
*aus dem Geist der Menschlichkeit*
*und des Glaubens*

Die Deutsche Bibliothek – CIP-Einheitsaufnahme

**Biser, Eugen:**
Glaubensbekenntnis und Vaterunser: eine Neuauslegung / Eugen Biser. –
1. Aufl. – Düsseldorf: Patmos-Verl., 1993
ISBN 3-491-77951-0


1. Auflage 1993
Gesamtherstellung: Clausen & Bosse, Leck
ISBN 3-491-77951-0

# INHALT

# VORWORT

In der Stunde einer von Haßausbrüchen begleiteten Kirchen- und Glaubenskritik hat sich das religiöse Interesse unversehens den Glaubensinhalten zugewendet. Die Fragen nach der Schöpfung, nach der Auferstehung und der Jungfrauengeburt stehen im Brennpunkt einer mitunter leidenschaftlich geführten Diskussion. Sogar die Engel sind neuerdings wieder gefragt. Dazu kommt die Wahrnehmung, daß es gerade die umstrittenen Exponenten der theologischen Szene sind, die darauf am sensibelsten eingingen. Hans Küng zog in seinem »Credo« (1992) den eher skeptisch gestimmten Zeitgenossen ins Gespräch, um ihm eindringlich und wortgewaltig eine Brücke zum christlichen Dogma zu bauen. Und Eugen Drewermann ließ sich wiederholt in Diskussionen über das Glaubensbekenntnis ein.

Freilich entsteht bei beiden, wenngleich auf unterschiedliche Weise, der Eindruck, daß ein Großteil der Aufgabe noch unerledigt ist. Bei Küng durch die Zielsetzung, bei Drewermann durch die von ihm geweckte Erwartung. Denn Küngs »Credo« ist ein Werk der Vermittlung und des Brückenschlags, nicht der Erschließung. Mit suggestiver Argumentationskraft und Beredsamkeit bemüht er sich, die Barrieren des Zweifels abzubauen und, wesentlicher noch, die Distanz der bei vielen eingetretenen Entfremdung aufzuheben und seinen Lesern das kirchliche Dogma aufs neue glaubhaft zu machen.

Demgegenüber hat die von Drewermann ausgehende Faszination mit dem von ihm unausdrücklich gegebenen Versprechen zu tun, seinem Auditorium die Glaubensartikel auf neue, bisher nicht erreichte Weise zu erschließen. Freilich wird man bei ihm zusehen müssen, ob das mit Hilfe seiner tiefenpsychologischen Methode auch wirklich zu erreichen ist. Doch gleichviel; denn wie sich die Größe eines Philosophen nicht zuletzt an seiner Fähigkeit bemißt, neue Fragen zu stellen, so die Bedeutung eines Theologen an seiner Kunst, neue Erwartungen zu wecken und so das Glaubensbewußtsein zu stimulieren.

Darum geht es also: die satzhaft umschriebenen Glaubensgeheimnisse aufzuschnüren und den Schrein ihrer Vergegenständlichung zu öffnen. Denn eine Neuinterpretation des Glaubens ist angesagt! Das heißt gewiß nicht, daß die Glaubensartikel mit neuen Inhalten versehen werden sollten, wohl aber, daß sie auf neue, dem gegenwärtigen Menschen einleuchtende Weise zur Sprache gebracht werden müssen, weil sich die wachsende Entfremdung, wenn überhaupt, nur so überbrükken läßt.

Mit der stereotypen Wiederholung des »alten Wahren« ist es nicht mehr getan, auch nicht, wenn es in modischer Verpackung präsentiert wird. Vielmehr muß der Bann der Entfremdung gebrochen werden. Und das ist nur dann erreicht, wenn sich der Glaubende im Geglaubten wiedererkennt, wenn er sich von ihm in seiner Wesenstiefe angesprochen fühlt und wenn er in ihm die definitive Antwort auf seine Sinnfrage vernimmt.

Wenn er dazu gelangt, wird er sich in wachsendem Maß gedrängt fühlen, dem Antwortenden seinerseits zu antworten. Das kann nicht besser geschehen als im Gebet; denn das Gebet ist »die Sprache des Glaubens« (FRIES). Und in der Fülle der Gebete findet sich dafür kein angemesseneres als dasjenige, das ihm Jesus selbst in den Mund legt und das ihn seine Abba-Anrufung Gottes mitsprechen läßt: das Vaterunser. Es entspricht somit nicht nur einer altchristlichen Tradition, sondern dem inneren Zusammenhang von Glaube und Gebet, wenn die Deutung des Glaubensbekenntnisses in eine Erschließung des Herrengebetes ausmündet.

Im Rahmen meines Gesamtwerks schließt der folgende Versuch eine Lücke, die die »Sachhälfte« dessen betrifft, was bisher hauptsächlich von der »Akthälfte« her beleuchtet wurde. Angefangen von den »Glaubensproblemen« (1970) und dem »Glaubensverständnis« (1975) galten die Beiträge zur Glaubenstheorie, wie die folgenden Titel »Glaubenswende« (1987), »Glaubensimpulse« (1988), »Glaubenskonflikte« (1989) und »Glaubensprognose« (1991) bestätigen, der Frage nach dem Vollzug und dem Sinn des Glaubens. Mit den beiden Jesus-Büchern »Der Helfer« (1973) und »Der Freund« (1989) trat dann die Zentralgestalt des Glaubens und mit den beiden Paulus-Büchern »Paulus für Christen« (1985) und »Paulus: Zeuge, Mystiker, Vordenker« (1992) deren größter Interpret in den Blick. Nun geht es darum, das, was sich durch Jesus erschloß und was Paulus der Damaskusvision, seinem Ostererlebnis, entnahm, am Leitfaden des Apostolischen Glaubensbekenntnisses zu entfalten. Daß das einer Neuinterpretation des Glaubens gleichkommt, kann freilich nur im Vertrauen darauf in Aussicht gestellt werden, daß der Glaube von seinem Urheber und Vollender her selbst darauf drängt. In diesem Vertrauen liegt auch die innerste Rechtfertigung des Vorhabens.

Daß ein solches Vertrauen begründet ist, verdeutlicht das dem Freskenzyklus des Chora-Klosters in Konstantinopel entnommene Umschlagbild, das den Auferstandenen und mit ihm die Zentralfigur des Christenglaubens nicht, wie üblich, in gegenständlicher Statik, sondern in lebendigster Aktion darstellt. Gerade in seiner Entrückung ist er, wie dieses grandiose Bildwerk versichert, den Seinen nah, gerade in seiner jenseitigen Ruhe diesseitig aktiv. Wir aber leben in einer glaubensgeschichtlichen Stunde, in welcher das aufs neue fühlbar wird. Glauben heißt demgemäß nicht nur, die Sätze des Dogmas »festhalten«, sondern vor allem: sich von dem Geglaubten »ergreifen« und in das Licht seiner Wahrheit führen lassen. Wenn wir dazu gelangen, haben wir den Sinn der glaubensgeschichtlichen Stunde begriffen.

ERSTER TEIL

# DAS APOSTOLIKUM

# EINSTIEG

## *Die Austreibung*

Wir leben in einer religiös gestimmten Zeit. Das ist eine der großen, wenn auch längst nicht hinreichend wahrgenommenen Vergünstigungen der Stunde. Daß sie weder hinreichend begriffen noch genutzt wird, ist vielfach begründet, nicht zuletzt durch die Krise, in die der Glaube geraten ist: durch die sich zusehends verstärkende Randunschärfe, die in erster Linie die abgeleiteten Glaubensinhalte wie die Jungfrauengeburt oder die »letzten Dinge« verunklärte und zu Gegenständen eines fruchtlosen Disputs werden ließ; durch eine ausgesprochene Konzentrationsschwäche, die eine erschreckend große Anzahl von Christen veranlaßte, den Zentralartikel von der Auferstehung Jesu mit der asiatischen Reinkarnationsvorstellung zu vertauschen, und nicht zuletzt durch die Sprachlosigkeit, die die Mehrheit der Christen hierzulande dazu brachte, ihren Glauben wie eine private Verschlußsache zu behandeln.

### Der Geist der Schwere

Kaum braucht erwähnt zu werden, daß zu den Hindernissen auch die sich ständig vertiefende Kirchenkrise gehört, insbesondere in jener resignativen Form, die zu der Feststellung nötigt, daß der schon von NIETZSCHE beschworene »Geist der Schwere« in den kirchlichen Lebensraum Einzug gehalten hat. Er wurde von seinem Entdecker dafür haftbar gemacht, daß die Freiheit der Ordnung geopfert, die Kreativität dem Gesetz unterworfen und die spontane Eingebung in vorgegebene Normen gepreßt wird. Im Kirchenraum führte er zu der dem Evangelium denkbar fremden und fernliegenden Vorstellung, daß das fromm und Gott wohlgefällig sei, was dem Menschen schwerfällt und weh tut. Wenn eine Wende zum Besseren einsetzen soll, dann nur unter der Bedingung, daß es gelingt, diesem Ungeist zu wehren. Was mit allen Kräften ins Werk gesetzt werden muß, ist deshalb ein am kirchlichen Lebensgefühl ansetzender Exorzismus: die Austreibung des Dämons, der alles niederdrückt und lähmt, der die Spontaneität und Glaubensfreude zum Verschwinden brachte und alles einem Zustand der Kälte und Erstarrung verfallen läßt.

Doch wie kann es gelingen, den »Geist der Schwere« zu bannen? Am sichersten durch den konzentrierten Blick auf das, was dieser Ungeist derart eintrübt, daß es von den meisten gar nicht wahrgenommen wird. Das ist die Doppelbewegung, in der der Glaube der Christenheit schon seit geraumer Zeit begriffen ist. Dabei geht es ebensosehr um eine Transformation wie um eine Inversion. Eine »Wende« vollzieht der Glaube, sofern er in neue Beleuchtungen und Fragestellungen tritt. So bindet der heutige Mensch seine Glaubensbereitschaft weniger an Argumente als vielmehr an Erfahrungen und Impulse. Seine Erwartung richtet sich weniger auf Auskünfte über das Jenseits als vielmehr auf Hilfen zur Bewältigung seiner diesseitigen Existenznot und Lebensangst. Und effektive Glaubensvermittlung erhofft er weniger von lehrhafter Unterweisung als vielmehr vom vorgelebten Paradigma.

### Die Inversion

Demgegenüber besteht die »Achse« der Glaubenswende in der Umkehrung des Prozesses, der zur Entstehung des Christentums in seiner traditionellen Gestalt führte. Er wurde gemeinhin damit beschrieben, daß der Künder des Gottesreiches zum Verkündigten, der zum Glauben Rufende zum Glaubensobjekt und der Lehrer zum Inbegriff der Lehre wurde. Immer schon setzte am Ende der großen Epochen eine Gegenbewegung dazu ein, die zur Inversion dieses Prozesses führte. So steht schon hinter dem Johannesevangelium die Autorität jener Zeugen, die sich mit dem Satz einführen:

*Was von Anfang an war, was wir gehört, was wir mit unseren Augen gesehen, was wir geschaut und mit unseren Händen erfaßt haben, das Wort des Lebens, das verkünden wir euch (1 Joh 1,1).*

Ebenso nimmt SYMEON DER NEUE THEOLOGE für sich in Anspruch, sein Werk, die »Hymnen an Gott«, der Entgegenkunft dessen zu verdanken, der sich zu ihm in seiner Armut herabließ:

*Wieder erstrahlt mir das Licht; wieder schaue ich es in seiner Klarheit; wieder erschließt es den Himmel und vertreibt die Nacht. Und der über allen Himmeln ist, den keiner der Menschen je erblickte, der kehrt wiederum ein in meinen Geist, ohne den Himmel zu verlassen, ohne die Nacht zu zerteilen, ohne die Luft zu durchbrechen, ohne das Dach meines Hauses einzuschlagen, ohne irgendein Ding zu durchdringen. Und in die Mitte meines Herzens, o erhabenes Geheimnis, da alles bleibt, wie es ist, stürzt mir das Licht und hebt mich über alles empor. Und ich, der ich inmitten von allem war, stehe außer allem, und ich weiß nicht, ob nicht auch außerhalb meines Leibes.*

Demselben Eindruck untersteht am Ende des Mittelalters NIKOLAUS VON KUES, nur mit dem Unterschied, daß er im Vorgefühl der erwachenden Subjektivität die göttliche Entgegenkunft an die Bedingung der Selbstaneignung bindet:

*Wenn ich in schweigender Betrachtung verharre, antwortest du mir, Herr, in meinem Innern mit dem Zuspruch: Sei dein eigen, dann bin auch ich dein eigen!*

Auf der Wasserscheide der Neuzeit dichtet HÖLDERLIN im Entwurf zu seiner Friedenshymne, ergriffen vom Eindruck der Selbstvergegenwärtigung Christi in einer entgöttlichten Zeit:

*Versöhnender, der du nimmergeglaubt*
*Nun da bist, Freundesgestalt mir*
*Annimmst Unsterblicher, aber wohl*
*Erkenn ich das Hohe,*
*Das mir die Knie beugt,*
*Und fast wie ein Blinder muß ich*
*Dich, himmlischer Bote, fragen, wozu du mir,*
*Woher du seiest, seliger Friede!*

In der Folge kommt es zu jener Neuentdeckung Jesu, deren Ergebnis ALBERT SCHWEITZER am Ende seiner »Geschichte der Leben-Jesu-Forschung« in die Worte zusammenfaßt:

*Als ein Unbekannter und Namenloser kommt er zu uns, wie er am Gestade des Sees an jene Männer, die nicht wußten, wer er war, herantrat. Er sagt dasselbe Wort: Du aber folge mir nach! und stellt uns vor die Aufgaben, die er in unserer Zeit lösen muß. Er gebietet. Und denjenigen, wenn sie ihm gehorchen, Weisen und Unweisen, wird er sich offenbaren in dem, was sie in seiner Gemeinschaft an Frieden, Wirken, Kämpfen und Leiden erleben dürfen, und als ein unaussprechliches Geheimnis werden sie erfahren, wer er ist.*

Vieles deutet darauf hin, daß sich diese Ankündigung heute verwirklicht. Denn nach unübersehbaren Anzeichen zu schließen, beginnt sich der Schrein der Vergegenständlichungen zu öffnen. Und das besagt:

*Der Verkündigte wird auf neue Weise beredt; der zum Gegenstand des Glaubens Erhobene steigt vom Podest seines Herrentums herab, und der zum Inbegriff der Lehre Gewordene meldet sich als der inwendige Lehrer zu Wort.*

## Der Beweggrund

Wo eine solche Inversion fühlbar wird, ist es mit einer bloßen Wiederholung der traditionellen Glaubensformeln nicht mehr getan. Denn sie entstammen so gut wie ausnahmslos dem Prozeß, der zur Vergegenständlichung des Glaubens führte und höchstens vom Rand her den Ansätzen zu seiner Umkehrung. Doch diese drängt, ohne den traditionellen Formeln im mindesten Abbruch zu tun, auf deren Neuinterpretation. Dabei geht es in erster Linie gar nicht so sehr um die gewandelte Erwartung, die der heutige Christ in seinen Glauben setzt und der vor allem an der Beseitigung seiner Identitätsnot und Lebensangst gelegen ist. Entscheidender Beweggrund ist vielmehr der Geglaubte selbst, der – mit dem Eingangswort des Ersten Johannesbriefs gesprochen – auf neue Weise vernommen, geschaut und ergriffen sein will. Vernommen im Wort des »inwendigen Lehrers«, geschaut in den Zeichen seines Fortlebens und empfunden in den Erweisen seiner Anwesenheit.

Zu diesem Zentralmotiv kommen indessen zwei weitere Gründe hinzu. Das erste und dringlichste besteht in der geistigen Öde, die der Zusammenbruch der Sowjetideologie im Osten Europas hinterließ. Sie drängt schon deshalb auf eine Neuinterpretation des Glaubens, weil dieser gerade in seiner traditionellen Form durch die jahrzehntelange Propaganda als eine menschenfeindliche Ideologie der Unterdrückung und Entfremdung ausgegeben wurde. Wenn die Verkündigung nicht von vornherein auf Skepsis und Widerstand, bedingt durch die nachwirkende Diffamierung, stoßen soll, dann nur, wenn sie versucht, den Glauben in einer Sprache darzustellen, die solchen Einwänden den Wind aus den Segeln nimmt. Das aber setzt voraus, daß sie von den sanktionierten Sätzen auf den zurückgeht, der durch diese Sätze spricht und der aufgrund der Inversion gerade heute in seiner Selbstbekundung vernommen sein will.

Der zweite, womöglich noch aktuellere Grund ist aus der starken Resonanz zu erschließen, die EUGEN DREWERMANN mit seiner tiefenpsychologischen Glaubensdeutung seit Jahren erzielt.

Denn bei ihm zeigt sich, daß theologische Bedeutung nicht nur dem zukommt, der neue Modelle entwikkelt und Systeme erstellt, sondern nicht weniger auch dem, der neue Fragen stellt und höhere Erwartungen weckt. Durch kaum etwas wirkt Drewermann ja stärker auf sein Auditorium ein als durch die von ihm geweckte Erwartung einer »ansprechenderen« Erschließung des Glaubens. Unabhängig von der Frage, ob er mit dem Instrumentarium seiner Methode dieser Erwartung zu genügen vermag, weist sie als solche schon über ihn hinaus. Denn eine Neuinterpretation des Glaubens kann, wenn sie gelingen soll, niemals das Werk eines einzelnen, sondern nur die Leistung vieler, wenn nicht gar einer ganzen Generation sein. Und das um so mehr, als Drewermann nicht Urheber, sondern allenfalls Auslöser der in ihn gesetzten Erwartung ist. Denn Urheber kann wiederum nur der sein, der ebenso zum Glauben ruft, wie er zum Glauben bewegt, der also nach dem großen Wort des Hebräerbriefs zugleich der »Wegbereiter und Vollender« des Glaubens ist (Hebr 12,2).

### Die Artikulation

Mit dem Hinweis auf das Gemeinschaftswerk, das allein der neuen Glaubenserwartung genügen kann, kam eine Frage in Gang, die vor allen anderen geklärt werden muß. Ist denn der Glaube immer nur Sache des einzelnen, im Grunde sogar die persönlichste aller »Privatsachen«? Ist es denn ein Zufall, daß das Glaubensbekenntnis als das »Credo« des einzelnen gesprochen wird und nicht wie in Augustins Predigt über die »redditio symboli« (Nr. 215) in der Mehrzahl, obwohl das Bekenntnis doch seinen »Sitz im Leben« in der Kultfeier der zur Taufe oder zum eucharistischen Mahl versammelten Gemeinde hat, der das augustinische »Credimus« unmittelbar entspräche?

Sicher ist es kein Zufall, sondern darin begründet, daß der Glaubensakt im engsten Zusammenhang mit dem personalen Selbstbewußtsein steht, zu dem das Christentum, gestützt auf Errungenschaften des Judentums, den Menschen aus kollektiver Traumverlorenheit erweckte. Im Wissen um seine unvertretbare Personenwürde und seine unveräußerlichen Menschen- und Freiheitsrechte besteht das wohl größte Geschenk, das die Menschheit diesen beiden Offenbarungsreligionen verdankt. Nie hätten die Impulse, die auch vom griechischen und insbesondere vom ägyptischen Kulturkreis ausgingen, zur Ausgestaltung der Subjektivität in ihrer jetzigen Form ausgereicht.

### Das Glaubenssubjekt

Indessen hat auch das augustinische »Credimus« sein gutes Recht. Denn der Glaube ist stets mehr als nur die Sache des einzelnen. Er steht in einem intersubjektiven Verweisungs- und Aktionszusammenhang. Daß nur die Bemühung vieler der neuen Erwartung genügen kann, ist letztlich darin begründet, daß der Glaube schon als Akt von vielen getragen wird, auch wenn das den einzelnen nur selten – allzu selten – bewußt wird. Vermutlich hängen Glaubenskrisen wie die gegenwärtige nicht zuletzt damit zusammen, daß diese Intersubjektivität des Glaubens in Vergessenheit geriet. Dabei hob schon GUARDINI darauf ab, als er in seiner »Existenz des Christen« (von 1976) bemerkte:

> *Niemand weiß, aus welchen – vielleicht räumlich entfernten oder zeitlich vergangenen – gläubigen Existenzen heraus sein eigener Glaube gespeist wird, sein Tun Kraft bekommt. Ebensowenig wie er weiß, welche Menschen er selbst mitträgt.*

Mit diesem Wort weist GUARDINI gleichzeitig zurück und voraus. Zurück auf den überragenden Vertreter der romantischen Theologie JOHANN ADAM MÖHLER, für den nicht schon die jeweils einzelnen, sondern erst die in Liebe miteinander Verbundenen fähig sind, den alle Horizonte sprengenden Gottesgedanken zu fassen; und voraus auf die lateinamerikanische Befreiungstheologie, die in ihren Spitzenvertretern das Wissen um das kollektive Subjekt des Glaubens erneuerte. Und das besagt: Wer glaubt, ist nie allein. Bei seinem Versuch, sich ins Gottesgeheimnis zu vertiefen, kommt ihm das Gewicht der Mitglaubenden zu Hilfe. Bei seinem Streben nach Gewißheit wird er von denen gestützt, die vor und mit ihm den Glaubensweg betraten. Und bei seinem Zeugnis findet er bei ihnen Rückhalt und Bestätigung. Aber was ist dann der Glaube, worauf begründet er sich, worauf will er hinaus, und worin besteht er?

## *Das Wunder*

In der geistigen Landschaft der Neuzeit ist der Glaube im Grunde die Ausnahme, das Nichtvorhergesehene, zumindest ein Grenzfall. Als unverdächtiger Zeuge bestätigt das kein Geringerer als KANT mit dem berühmten Satz aus der Vorrede zur zweiten Auflage seiner »Kritik der reinen Vernunft«:

*Ich mußte... das Wissen aufheben, um zum Glauben Platz zu bekommen.*

Wenn Kant von »aufheben« im Sinn der Hegelschen »Aufhebung« gesprochen hätte, wäre ihm mit diesem Satz eine wunderbare Einsicht geglückt. Denn der Glaube ist tatsächlich ein Akt des »erhobenen« Denkens. Seine Voraussetzung ist, wie sich noch zeigen wird, die »Erhebung des Geistes zu Gott«. So aber markiert der Kantsche Satz, der sich auf die Destruktion der Gottesbeweise im Fortgang seiner Kritik bezieht, nur jene extreme Konfliktlage im Gang des neuzeitlichen Denkens, als dieses dem Glauben nur noch ein Überleben »innerhalb der Grenzen der bloßen Vernunft« gestattete und als sich alles auf jenes tödliche Entweder-Oder zuzuspitzen begann, aus welchem NIETZSCHE mit seinem Ruf »Gott ist tot« die letzte Konsequenz zog.

So sah dann auch der bisher letzte Vollstrecker des Kantschen Vorhabens, der Oxford-Philosoph JOHN LESLIE MACKIE, die entstandene Situation. Für ihn war das Überleben des Glaubens in der »entzauberten« Landschaft der Gegenwart so unwahrscheinlich, daß er seinen Versuch der endgültigen Widerlegung der Gottesbeweise mit dem Titel »Das Wunder des Theismus« überschrieb. Grund genug, vom »Wunder des Glaubens« zu sprechen.

### Unableitbar

Damit ist grundsätzlich gesagt, daß der Glaube zu jenen unkalkulierbaren Vergünstigungen des Lebens gehört, für die sich zwar jede Menge von Gründen anführen lassen, die aber letztlich – wie das Geschenk einer wunderbaren Rettung, einer Freundschaft, einer Intuition und des Lebens – nicht erklärbar sind.

Das Wunder verschlägt dem Menschen die Sprache. Er findet keine Worte; er ist sprachlos vor Staunen. Das trifft in vollem Umfang auf das zu, was in dieser todverfallenen Welt noch nie »der Fall war«, auf die Auferstehung Jesu.

In den biblischen Zeugnissen zittert noch die Anstrengung nach, die es kostete, dafür Worte zu finden. Als erstes stellte sich nach Paulus das Wort »Offenbarung« ein, gefolgt von dem Begriff der »Erhöhung«. Und erst im dritten Anlauf wurde die sich schließlich allgemein durchsetzende Vokabel »Auferstehung« gefunden. Seither ist die Menschensprache um einen Begriff reicher, der wie kein anderer das Stigma des Unerhoffbaren, Unausdenklichen, Unfaßlichen an sich trägt, der gleichzeitig aber wie kaum ein anderer zum Vehikel höchster Sehnsüchte und Hoffnungen geworden ist. Aber so ergeht es nun einmal mit dem Wunder: So unverhofft es eintritt, so sehr ergreift es, nachdem es sich ereignete, das allgemeine Bewußtsein, um es über sich hinauszutragen.

## Die Offenbarung

Doch im selben Maß, wie sich das Wort Auferstehung einbürgerte, geriet der Begriff »Offenbarung« in Vergessenheit. Dadurch vertiefte sich das Dunkel, das ihn ohnehin umgibt, mitsamt dem Glauben, der letztlich davon lebt, daß er solchem Dunkel entrissen wird.

Denn unerklärbar ist der Glaube, weil sich sein Ursprung, die offenbarende Selbstmitteilung Gottes, im Abgrund seiner freien Selbstentschließung verliert. Nur mit allzu menschlichen Vermutungen können wir uns in diesen Abgrund vortasten. War es, wie allgemein angenommen wird, sein Erbarmen mit dem immer wieder auf Irr- und Umwege geratenden Menschengeist, was ihn zu dieser Selbstmitteilung bewog? Oder dürfen noch ganz andere Beweggründe in Betracht gezogen werden: sein Wille, sich an seine Schöpfung zu verschenken; sein Mitleid, das ihn den Leidensweg seiner todverfallenen Kreaturen mitgehen hieß; seine Sehnsucht, von seinen Geschöpfen verstanden zu werden und sie ins Einvernehmen mit sich zu ziehen, oder ganz einfach seine Liebe, die ihn bewog, sich, wie es nur die Liebe vermag, aufzugeben und ein anderer seiner selbst, der »Gott in Knechtsgestalt« (KIERKEGAARD), zu werden? Denn diese »Knechtsgestalt« nimmt er nicht erst dort an, wo sie das Schriftwort (Phil 2,7) entdeckt, sondern schon dort, wo er seine ewige Selbstverständigung für andere – seine Geschöpfe – hörbar macht, wo er also zur Menschheit spricht. Weil der Glaube hierin entspringt, weil seine tiefsten Wurzeln in das Ereignis der göttlichen Selbstoffenbarung und ihre innergöttliche Vorgeschichte hinabreichen, ist das Wort vom »Wunder« nicht zu hoch gegriffen.

Erklärbar wird dieses Wunder erst, wenn man an seinen konkreten Ursprung, an seine Stiftung durch die Lebenstat Jesu, denkt. Schon bei der ersten Annäherung an seine Gestalt fällt die Atemlosigkeit auf, mit der er sein Werk angeht. Etwas von dem »Zwang«, dem der Apostel Paulus (nach 1 Kor 9,16) bei seiner Verkündigung gehorcht, liegt auch auf ihm. Auch er untersteht dem Geheiß, sein Glück, seinen Reichtum, sogar sein Selbstsein an die Menschen weiterzugeben. In diesem Geheiß wird das Offenbarungsgeschehen zum ersten Mal konkret. Denn es entstammt nach der Auskunft der Evangelien einem Erlebnis des »Angerufen- und Erwähltseins«, hörbar geworden im Zuspruch der Himmelsstimme bei Jesu Taufe: »Du bist mein geliebter Sohn; dich habe ich erwählt!« (Mk 1,11). In diesem Anruf entscheidet sich die Entstehungsfrage des christlichen Glaubens. Denn mit ihm übernimmt Jesus, zusammen mit dem Wissen um seine einzigartige Erwählung, den Auftrag, die ihm zugesprochene Gottessohnschaft an die Menschheit weiterzugeben. Mit ihm wird er zum leibhaftigen Medium der göttlichen Selbstmitteilung an die Welt. Und er gehorcht diesem Auftrag, indem er das, was in seiner Seele brennt, in das Gefäß einer menschlichen Sprache faßt. So entsteht seine Botschaft vom Gottesreich, die er in das Wort seiner Seligpreisungen, seiner Antithesen und zumal seiner Gleichnisse auffächert. Schon im Auftakt dazu fällt das Stichwort:

*Die Zeit ist erfüllt und das Gottesreich nah.*
*Kehrt um und glaubt an die Heilsbotschaft!*
*(Mk 1,14)*

## Die Perspektiven

Diesem Schlüsselwort zufolge ist der Glaube soviel wie Hinwendung zur Sozialutopie Jesu: Aufbruch ins Gottesreich und damit zum größten Werdeziel, das der Menschheit jemals gesteckt wurde, so groß, daß es nur in Akten fortwährender Selbstüberschreitung erreicht werden kann. Doch das – und nichts Geringeres – meint Jesus, wenn er von den Hörern seiner Botschaft die »Umkehr« fordert. Wie der Mensch immer wieder auf seine eigenen Entwürfe zurückfällt, so läßt sich auch die Menschheit, trotz aller bitteren Erfahrungen, immer neu zu dem Modell einer auf die prekäre Balance von Furcht und Liebe gegründeten Sozialordnung überreden. Gerade sie aber gilt es zu überschreiten, wenn das Gottesreich kommen soll. Denn das Unglück der Menschheit wurzelt letztlich in diesem zwiespältigen Modell, das im Mitmenschen gleichzeitig den erwünschten Partner und den gefürchteten Rivalen erblickt. Davon rührt es her, daß bei allen Versuchen, der Liebe mehr Raum zu geben, die Furcht mit ihren schrecklichen Folgen durchschlägt. Wenn der Menschheit aus diesem Dilemma herausgeholfen werden soll, dann nur mit Hilfe einer neuen Eindeutigkeit. Deshalb sagt Paulus von Jesus, daß er »nicht Ja und Nein« zugleich gewesen sei, sondern daß in ihm »das reine Ja« verwirklicht worden ist (1 Kor 1,19).

Mit aller Deutlichkeit tritt damit der lebenspraktische Zug des Glaubens zutage, der seiner ganzen Bestimmung nach getätigt sein will, weil die Gottesoffenbarung, der er entspringt, die Um- und Neugestaltung aller Dinge zum Ziel hat. Wenn Gott sich mitteilt, dann nicht nur, um die Welt zu belehren, sondern zum Ziel, sie zu verwandeln. Ebenso klar wird nun auch, daß dieses große Werdeziel nur mit Hilfe dessen erreicht werden kann, der die Menschheit mit dem Einsatz seiner Kraft dazu aufrief. Weil er das Ziel nicht nur zeigt, sondern in einem letzten Sinn ist, ist er auch der Weg dorthin. Damit tritt der Glaube abermals in eine neue Perspektive. Als Annäherung an das Gottesreich ist er zugleich geistige Nachfolge Christi. Das aber heißt nicht so sehr, daß sich der Glaubende zu ihm durchkämpfen muß, als vielmehr, daß er, der Wegbereiter, ihn auf seine Lebensbahn mitnimmt. Mitnimmt in das Glück und in die Anfechtung seines Sohnesbewußtseins, mitnimmt in seine revolutionäre Lebenstat, mitnimmt in sein Gottesverhältnis bis hinein in dessen schwerste Prüfung, Läuterung und Steigerung am Kreuz.

Dort jedoch, wo dieses einzigartige Leben abzubrechen droht, kommt es tatsächlich zu der großen Wende, mit welcher der Glaube letztlich beginnt. Denn der Christenglaube ist, wie sich in dieser dritten Perspektive zeigt, Auferstehungsglaube. Erst im Ereignis seiner Auferstehung wird der Künder zum Verkündigten, der Botschafter zur Botschaft, der Lehrer zur Lehre. Jetzt füllt er die Dimension des ganzen Göttlichen aus; jetzt gilt von ihm und seinem verklärten Antlitz: »Wer mich gesehen hat, hat auch den Vater gesehen« (Joh 14,9). Jetzt aber stellt sich auch die Aufgabe, das, was mit diesem Antlitz »gesagt« ist, Zug um Zug zu lesen und so gotteskundig zu werden. In dem Maß, wie das geschieht, gewinnt der Glaube jenen artikulierbaren Inhalt, den die Sätze des Glaubensbekenntnisses umschreiben.

## Der Drehpunkt

Wer aber spricht, wie nun nochmals zu fragen ist, diese Sätze? Der einzelne, der den Glauben in seinem »Credo« bezeugt? Oder die Glaubensgemeinschaft, die mit ihrem bei der Tauffeier gesprochenen »Credimus« der Lehrverkündigung der Kirche zustimmt? Oder jener Dritte, der im Lauf der Glaubensgeschichte immer wieder die Sache des Glaubens an sich zieht und, wenn auch noch so leise, das Wort ergreift? Er war im Gefolge seiner Auferstehung selbst zum Gegenstand des Glaubens geworden, dem die lehrende Kirche eine Stimme lieh. Deshalb gilt von ihr nach wie vor: »Wer euch hört, hört mich« (Lk 10,16). Doch heute will er wie schon in der johanneischen Stunde auch wieder selbst gehört, gesehen und gefühlt werden. Er spricht das Bekenntnis der Glaubenden mit. So gewinnt die Lehre wieder Gestalt und Stimme. Es ist die Stimme des von Augustin entdeckten und heute neu zu entdeckenden Magister interior, des »inwendigen Lehrers«.

Er bildet den lebendigen Drehpunkt der großen Wende, in der die glaubensgeschichtliche Entwicklung begriffen ist. Denn erst durch ihn wird klar, weshalb sich, zusammen mit dem Glaubensbegriff, auch die Glaubenserwartung des heutigen Christen und seine Vorstellung von der Glaubensvermittlung tiefgreifend änderten: der Glaubensbegriff, sofern der Glaube nicht nur hingenommen, sondern verstanden sein will; die Glaubenserwartung, sofern die Jenseitshoffnung, ungeachtet ihrer bleibenden Geltung, vom Anspruch auf Hilfe bei der Bewältigung der diesseitigen Existenznot, vor allem in Gestalt der eskalierenden Lebensängste, überlagert wird; und das Modell der Glaubensvermittlung, sofern die Überzeugung immer breiteren Raum gewinnt, daß wir zum Glauben nicht erzogen, sondern bewogen werden. Ein Sinndruck mußte wirksam geworden sein, daß dieser mehrfache Wandel in Gang kam. Und der konnte zuletzt nur von dem ausgehen, der nach christlichem Verständnis Grund und Mitte des Glaubens ist. Aber nicht eine »stehende«, sondern eine lebendig bewegte Mitte, die initiativ geworden sein mußte, weil Bedürfnisse und Einflüsse allein diesen tiefgreifenden Wandel nicht genügend erklären.

### Die Neuinterpretation

Indessen wirkte dieser Wandel seinerseits – evozierend – auf den Glauben zurück. Denn der Gedanke, daß wir zum Glauben bewogen werden, verlangte nach Auskunft über den Beweg-Grund. Ebenso richtete sich die gewandelte Glaubenserwartung in letzter Instanz nicht auf eine sachliche, sondern – sofern es ihr um die Überwindung der Lebensangst geht – auf eine Hilfe nach Art jener rettenden Hand, die den Geängsteten – gleich dem sinkenden Petrus (nach Mt 14,29ff.) – seiner Not entreißt. Gleiches gilt schließlich auch für den dialogischen Glaubensbegriff; denn wenn es bei diesem um ein Verstehen des Gottesgeheimnisses zu tun ist, sucht der Glaubende hinter den Sätzen und Worten des Bekenntnisses letztlich den, der in ihnen und durch sie zu ihm redet. Wenn er ihn im Wortlaut der Sätze vernimmt und in ihrem Gitterwerk sein Antlitz entdeckt, hat er den entscheidenden Schritt zur Neuinterpretation des Glaubens bereits getan.

Das nötigt zu dem Schluß, daß die glaubensgeschichtliche Wende erst mit der Entdeckung des inwendigen Lehrers vollständig erfaßt ist. Das aber führt rückläufig zu einer Neueinschätzung der Glaubenssituation. Ungeachtet aller Krisen und Irritationen ist der Christenglaube heute in einem einzigartigen Aufbruch begriffen, der seinen Kern, die Gottesoffenbarung selbst betrifft. Keine Neuoffenbarungen stehen zur Debatte. Wohl aber geschieht etwas ungleich Bewegenderes: Der Schrein des Glaubensgutes öffnet sich; das geglaubte Wort beginnt zu reden; die Sache des Glaubens tritt hervor aus ihrer Gegenständlichkeit und zeigt ihr lebendig sprechendes Gesicht. Bestand der tragende Vorgang, wie er bisher gesehen wurde, in der Verwandlung des Botschafters zur Botschaft, so tritt neuerdings eine kaum erst erkannte, aber vielfach geahnte und ersehnte Rückverwandlung ein. Das Wort wird beredt. Damit beginnt das neue Kapitel der Glaubensgeschichte, dem die Zukunft gehört.

## *Die Wegmarken*

»Wegbereiter und Vollender des Glaubens« wird Jesus in einem neutestamentlichen Schlüsselwort (Hebr 12,2) genannt. Damit sind Anfang und Ziel eines Weges abgesteckt. Ein Anfang, den nicht wir mit ihm machen, sondern den er dadurch machte, daß er dem Glauben eine neue Bahn gebrochen hat. Und ein Ziel, das darin besteht, daß der Weg auf ihn zuläuft, daß er der im Glauben letztlich Ergriffene, der Inhalt und »Zusprecher des Glaubens« ist.

## Das Apostolikum

Seit alters hat die Christenheit die Stationen dieses Weges mit den Sätzen des Glaubensbekenntnisses abgesteckt. Das Apostolische Symbolum – »apostolisch«, weil es nach einer im fünften Jahrhundert aufgekommenen Legende von den Aposteln vor ihrem Auszug zum Missionswerk formuliert wurde – gewann erst in einem jahrhundertelangen Überlieferungsgang seine endgültige Gestalt. In der heute gebräuchlichen Fassung wurde es von Karl dem Großen durch Reichsgesetz für die Westkirche vorgeschrieben. Es verfolgt somit nach der hellsichtigen Beobachtung JOSEPH RATZINGERS vom Rand her das Ziel der »Uniformierung der Kirche« und muß daher »durch das Gitter der politischen Zwecke« in seiner Identität erschlossen werden. Zu diesem äußeren »Formzwang« kommt nach KARL RAHNER auch eine innerkirchliche Nötigung in Gestalt der Sprachregelung hinzu, die zur satzhaften Festschreibung der Glaubensinhalte führte. Auch darauf wird jeder zeitgerechte Interpretationsversuch achten müssen, nachdem MARTIN BUBER in seiner Streitschrift »Zwei Glaubensweisen« (von 1950) die Abkünftigkeit des »Satzglaubens« gegenüber der prophetischen Glaubensform behauptete.

Seinen »Sitz im Leben« hat das Apostolikum im altkirchlichen Taufgespräch, bei dem der Täufling im Sinn der »Matthäi am Letzten«, also am Schluß des ersten Evangeliums aufscheinenden Formel (Mt 28,19) nach seinem Glauben an Gott den allmächtigen Vater, an seinen Sohn Jesus Christus und an den Heiligen Geist gefragt wurde und sein Bekenntnis bisweilen durch eine

Darstellung seines Bekehrungs- und Glaubensweges erläuterte. Aus dieser dialogischen Urgestalt, die schon von HIPPOLYT zu Beginn des dritten Jahrhunderts bezeugt wird, entwickelte sich in der Folgezeit die durchlaufende Fassung, die Schritt für Schritt erweitert, bisweilen auch verdeutlicht und zu der »karolingischen« Endfassung fortgeschrieben wurde. Doch auch von dieser Form gilt die Feststellung Ratzingers:

> *Das Credo ist eine Restformel aus dem ursprünglichen Dialog »Glaubst du – ich glaube«. Dieser Dialog verweist seinerseits auf das »Wir glauben«, in dem das Ich des »Ich glaube« nicht aufgesaugt ist, aber seinen Ort erhält. So ist aber in der Vorgeschichte dieses Bekenntnisses und in seiner ursprünglichen Form die ganze anthropologische Gestalt des Glaubens mit anwesend.*

Bis auf den Eingangssatz und die Schlußsätze sind die angesprochenen Stationen die des irdischen und himmlischen Lebens Jesu, angefangen von seiner geistgewirkten Empfängnis bis hin zu seiner Wiederkunft am Ende der Zeiten. Damit ist ein wichtiger Hinweis gegeben. Christlicher Glaube ist Mitvollzug der Lebensgeschichte Jesu, gläubige Selbstbegründung auf seine Lebensleistung und, wie bereits bemerkt, geistige Nachfolge auf seiner Lebensspur.

Wie jedoch verhält es sich mit dem ersten Artikel, der von der Schöpfung handelt, und mit den abschließenden Sätzen, in denen vom Gottesgeist, der Kirche, der Sündenvergebung, der Auferstehung und dem ewigen Leben die Rede ist? Auch sie gehören in den gleichen christologischen Zusammenhang; denn nach christlichem Verständnis beginnt die Heilsgeschichte mit dem Schöpfungswerk, das die Rahmenbedingungen für das Kommen Christi schuf. Ihn aber sieht der Glaube, jenseits seines historischen und endzeitlichen Wirkens, hier und heute am Werk, vermittelt durch denselben Gottesgeist, der ihn einst ins Dasein rief, und wirksam in den Aktivitäten seiner Kirche, in den Akten der Sündenvergebung und zumal in der Auferbauung jener umfassenden Gemeinschaft der Glaubenden, in der sich das Ziel der ewigen Lebensgemeinschaft mit Gott jetzt schon anbahnt.

## Ein Religionsvergleich

Daß dieser Zusammenhang gesehen werden kann, folgt aus einer Grundüberzeugung des Christenglaubens. Sie ergibt sich am klarsten aus einem Religionsvergleich. Zwar geht das Christentum mit dem Judentum, in dem es wurzelt, und mit dem Islam, dem es vielfach nahesteht, vor allem in dem Bekenntnis einig, daß die Sache des Menschen nur durch eine Intervention Gottes, näherhin durch Akte seiner Selbstoffenbarung, gerettet und gewahrt werden konnte. Doch unterscheidet es sich von ihnen durch sein Offenbarungsverständnis. Denn für das Judentum ist Offenbarung, vereinfachend gesprochen, das an die prophetischen Gottesboten ergangene Wort, vor allem in Gestalt der von Mose empfangenen »Weisung«, des Dekalogs; für den Islam besteht sie in dem dem Offenbarungsträger Mohammed übereigneten Text des Koran; für das Christentum dagegen in dem menschgewordenen und damit in die Menschheitsgeschichte eingetretenen Gottessohn und in der Gänze seines Lebensvollzugs. Wie für den Islam der heilige Text des Koran den ganzen Sinnraum der Gottesoffenbarung einnimmt, gilt das im Christentum für die Mittlergestalt Jesu, der diese Funktion mit dem Wort in Anspruch nimmt: »Niemand kommt zum Vater außer durch mich« (Joh 14,6), und der die Seinen mit der Begründung seine »Freunde« nennt: »weil ich euch alles gesagt habe, was mir von meinem Vater mitgeteilt worden ist« (15,15). Das lautet in der synoptischen und womöglich noch exklusiveren Abwandlung dieses Satzes:

> *Alles ist mir von meinem Vater übergeben; niemand kennt den Sohn als nur der Vater, und niemand kennt den Vater als nur der Sohn und wem es der Sohn offenbaren will (Lk 10,22).*

Auch dagegen erhob BUBER den Einwand, daß damit nicht nur der ganze Offenbarungsraum von Jesus eingenommen, sondern daß dadurch Gott auf eine bestimmte Selbstmanifestation festgelegt und so um die Freiheit gebracht werde, sich auch wieder entziehen und in sein Geheimnisdunkel verbergen zu können. Doch der Christenglaube lebt vom Gedanken der »Unwiderruflichkeit« der in Jesus ergangenen Offenbarung, in der Gott seine absolute Freiheit mit der geschichtlichen eines Menschenschicksals vertauschte und die Möglichkeit seiner Selbstverhüllung mit dem Dunkel, das den menschgewordenen, den »Gott in Knechtsgestalt«, umgibt.

## Dialogische Ausschließlichkeit

Als hätte sie allen Einwänden, die dem hohen Anspruch Jesu mit dem Verdacht der Intoleranz begegnen, von vornherein die Spitze abbrechen wollen, betont die johanneische Fassung den dialogischen Charakter dieser Exklusivität. Danach verwehrt sein Anspruch niemandem, andere Wege zum Gottesgeheimnis zu suchen. Im Vordersatz – »nicht mehr Knechte nenne ich euch; denn der Knecht weiß nicht, was sein Herr tut« (Joh 15,15) – spricht Jesus sogar ausdrücklich und ohne jeden Anflug von Kritik von einer Religionsform der Heteronomie. Freilich setzt er dieser dann, ebenso klar wie entschieden, die von ihm erschlossene Gottesbeziehung entgegen, die ausschließlich, nicht aber ausschließend und ausgrenzend, über seine Selbstmitteilung führt.

Man könnte diesen Stein des Anstoßes auf sich beruhen lassen, nachdem sich die Kirche nicht nur zur Religionsfreiheit und Toleranz bekannte, sondern auch den altchristlichen Gedanken vom weltweiten Offenbarungswirken Gottes aufnahm, wenn das Ausschließlichkeitsprinzip nicht in herabgesetzter Form aufs neue – und jetzt innerkirchlich – virulent geworden wäre. Angesprochen sind damit die selbsternannten Glaubenswächter, die Glaubensfestigkeit mit ideologischer Starrheit verwechseln, jede theologische Innovation als Häresie verdächtigen und mit inquisitorischer Betriebsamkeit alles bekämpfen, was ihrem unreflektierten Glaubenskonzept nicht zu entsprechen scheint. So holen sie auf ihre Weise nach, was das Zweite Vatikanum nach Ansicht seiner Kritiker verabsäumte: die Verkündung neuer Dogmen und die Verurteilung vermutlicher Dissidenten.

In Wahrheit verfielen sie einer abkünftigen Glaubensvorstellung, die sich im selben Maß, wie sie die dialogische Herkunft negiert, der Ideologie annähert. Indessen kennt der Christenglaube keinen schärferen Gegensatz als den der Ideologie, verstanden als ein System festgeschriebener Sätze, die als »nicht hinterfragbar« gelten und deshalb mit einem Interpretationsverbot belegt sind. Der damit verhängte »Vernunftverzicht« – das berüchtigte »sacrificium intellectus« – erzeugt in seinen Vertretern unvermeidlich ein schlechtes intellektuelles Gewissen, das sie durch Polemik und inquisitorischen Eifer zu kompensieren suchen.

Solcher Vergiftung des innerkirchlichen Klimas kann nur durch konsequente Anwendung des Dialogprinzips gewehrt werden, mit dem das Zweite Vatikanum der Kirche einen neuen Lebensgeist einhauchte. Konsequent angewendet, bezieht sich dieses Prinzip aber folgerichtig auch auf den Glaubensakt, der dadurch sowohl auf seine dialogische Herkunft wie auch seine Dialog-Struktur durchsichtig wird: auf seine Herkunft aus dem Taufgespräch und auf seine Gestalt als Annahme des Offenbarungswortes und als lebenslanger Versuch, sich verstehend in seinen Reichtum zu vertiefen. In dem Maß, wie dieses Verständnis an Boden gewinnt, wird auch klar, daß durch Polemik und Haß dem Glauben der denkbar schlimmste Dienst erwiesen wird, da seine Einheit und Reinheit nur auf Wegen der Verständigung und Liebe gewahrt werden können. Das schließt nicht aus, daß solche Verständigung bisweilen auch die Form harter Auseinandersetzungen und Kämpfe annimmt, weil es dabei letztlich um die Wahrheit des Glaubens geht. Doch sucht die Liebe auch in dieser Form das Einvernehmen mit dem Kontrahenten, nie aber seine Ausgrenzung und Vernichtung.

### Die Glaubensgründe

Angesichts derart gravierender Fehlhaltungen, die auf Distanzierte nur abschreckend wirken können, stellt sich unwillkürlich die Frage nach Gründen, die auch heute noch – und heute neu – für den Glauben sprechen. Denn die Bereitschaft zur Akzeptanz gestaltete sich gerade in nachkonziliarer Zeit sehr wechselhaft. Während in den ersten Nachkriegsjahren eine starke Zuwendung zu verzeichnen war, sank die Glaubensbereitschaft hierzulande bei Ausbruch der Studentenrevolte, die ihrerseits nur das spektakuläre Symptom der umfassenden Autoritätskrise war, erstmals auf den Gefrierpunkt. Das wiederholte sich in der Folge fast im gleichen Rhythmus. Während sich zu Beginn der siebziger Jahre eine ebenso unerwartete wie beispiellose Neuentdeckung Jesu, dokumentiert durch eine Fülle hochkarätiger Jesus-Bücher, vollzog, brandet heute eine Welle von Kirchen-, Christus- und Gotteshaß auf, die sich in einer Flut religionskritischer, von Häme, Wut und Ressentiments überschäumender Bücher niederschlägt. Keine Frage, daß sie in einer depressiv verstimmten Zeit eine begierige Leserschaft finden. Was spricht in dieser Situation überhaupt noch für den Glauben?

So seltsam es klingen mag: in erster Linie gerade seine Anfechtung und Bestreitung. Denn die Zeiten exzessiver Religionskritik waren noch immer die neuer Glaubenserweckung. PASCAL war die Antwort auf DESCARTES und die Aufklärung, KIERKEGAARD die Antwort auf die idealistische Aufhebung des Glaubens im Hegelschen System, SOLOWJEW die heute erst in ihrem europäischen Sinnzusammenhang ersichtliche Antwort auf NIETZSCHES »Gott ist tot«. Denn aller seriösen Religionskritik haftet, wie dies auf geradezu paradigmatische Weise der Titel »Das Wunder des Theismus« verdeutlicht, etwas Resignatives an. Sie hinterläßt dort, wohin sich der Menschengeist »erheben« möchte, eine frustrierende und peinigende Leere und spricht insofern für die Unentbehrlichkeit dessen, was sie verneint. Darüber kann selbst die Woge der Gehässigkeit, von der sich die neuesten Bekundungen des Antichristentums tragen lassen, nur vorübergehend hinwegtäuschen.

Was heute für den Glauben spricht, ist somit, positiv ausgedrückt, die durch den Zusammenbruch der sozialistischen Realutopie keineswegs, wie JOACHIM FEST in seiner Schrift »Der zerstörte Traum« (von 1990) vermutet, ertötete, sondern jetzt erst recht auf ihr wahres Ziel hin freigegebene Sehnsucht: die Sehnsucht des Menschen nach definitiver Sinnerfüllung, Geborgenheit und Befestigung. Zweifellos sprechen dafür auch die zahlreichen Symptome, die auf den Verfall der rationalen Weltinterpretation und einen neuerwachenden Sinn für die transrationalen Gegebenheiten des Daseins schließen lassen. Im Herzen des heutigen Menschen erwacht eine Ahnung, daß die Welt, wie NIETZSCHE dichtete, »tiefer als der Tag gedacht« ist, daß sich hinter den Räumen, die der Intellekt zu erkunden vermag, wie in KAFKAS Weltbild neue Räume und Höfe öffnen, die im Interesse seiner Sinnfindung durchschritten werden müssen. Auf dem Markt der Meinungen und weltanschaulichen Angebote bieten sich ihm viele als Wegweiser an. Aus der Vielfalt ihrer Stimmen hebt sich jedoch, sie alle übertönend, der Anruf dessen ab, der ihn mit dem Wort »Ich bin der Weg« auf den Königsweg des Glaubens ruft.

### Das Sinnkriterium

Wäre der Glaube, wie ihm seit FREUD vorgehalten wird, nur eine Form menschlicher Selbstillusionierung, so bedürfte es derartiger Überlegungen nicht. So aber genügen zu seiner Rechtfertigung noch nicht einmal die angeführten Gründe, weil er als seine letzte Motivation die Gottesoffenbarung zur Voraussetzung hat. Muß aber heute, angesichts der sich häufenden Anzeichen, die auf ein Erlahmen der herrschenden Tendenzkräfte, allen voran der Aufklärung und ihrer offenbarungskritischen Strategien, noch eine Lanze für Sinn und Recht von Offenbarung gebrochen werden? Falls ja, dann wenigstens mit einem Hinweis auf die zwischen Vernunft- und Gotteswahrheit bestehende »Arbeitsteilung«. Denn so bewundernswert die Erkenntnisse sind, die gerade in der zweiten Jahrhunderthälfte von der Wissenschaft, insbesondere von der Astro- und Mikrophysik, der Biologie und Verhaltensforschung erzielt wurden und ebenso ungeahnte Aufschlüsse über den Aufbau des Kosmos wie über die Feinstruktur von Atom und Zelle und die Verhaltensweisen der Organismen brachten, blieben Wissenschaft und Philosophie doch gegenüber der menschlichen Zentralfrage nach dem Sinn des Daseins auffällig hilf- und ratlos. Sogar die Logotherapie VIKTOR E. FRANKLS wendet sich betont nur an Menschen, die ihre Bindung an Kirche und Religion verloren, während sie die religiös und kirchlich Gebundenen nachdrücklich an die Sinngebung des Glaubens verweist.

Das bringt die Gottesoffenbarung in ein unmittelbares Verhältnis zur Sinnfrage und damit zur paradoxen Verfaßtheit des Menschen. Denn der Mensch ist jenes zwiespältige Wesen, das ungeachtet seiner vielfältigen Bedingtheit nur im Unbedingten sein Genüge findet. Schärfer noch formuliert: Der Mensch braucht ein Wissen um Gott und das göttliche Selbstsein, um zum Sinn seiner selbst zu gelangen und seines Daseins gewiß und froh zu werden. Weil aber (nach 1 Kor 2,10) nur Gottes eigener Geist die Tiefen der Gottheit erforscht, weil also nur Gott allein über sein Selbstsein Auskunft geben kann, bedarf es der Offenbarung. Sie liegt somit im höchsten Interesse der menschlichen Selbstfindung; ohne sie bliebe der Mensch in einem letzten Sinn eine unbeantwortete Frage und damit Fragment.

Lange bevor sich die Sinnfrage in der heute erlebten Dringlichkeit stellte, erhob sie sich, anders gewendet, im Raum der Theologie. In der frühscholastischen Spekulation begab sich diese intensiv auf die Suche nach dem Sinn des Glaubens, dem »intellectus fidei«. Gemeint war damit die den einzelnen Glaubensgeheimnissen eingeschriebene Bedeutung, also das, was sie dem fragenden Menschengeist jeweils zu sagen haben. Namen wie der des »Vaters der Scholastik« ANSELM VON CANTERBURY und des scharfsinnigen PETER ABÄLARD, bekannter noch als durch seine theologische Leistung durch den bewegenden Briefwechsel mit seiner Schülerin und Geliebten Heloise, sind dafür repräsentativ. Nach einigen spektakulären Anläufen wie in Anselms Frage nach dem Motiv der Menschwerdung –

»Cur Deus homo?« – versandete das Unternehmen jedoch, weil der auf eine Totalerklärung zielende Anspruch der Vernunft zu hoch gespannt war. Wenn man bereit ist, die moderne Sinnsuche als fernen Nachglanz der frühscholastischen Bestrebungen zu verstehen, sieht man sich in dem beinahe unabweislichen Eindruck bestätigt, daß dem heutigen Verlangen nach Deutung des Lebenssinnes ein religiöser Beweggrund zugrunde liegt, daß die Sinnsuche des heutigen Menschen somit als eine heimliche Gottsuche anzusehen ist.

Nicht minder bedeutsam ist ein Zweites: Wer die Umbrüche und Umschichtungen im Kirchenraum als Symptom eines Interessenwandels nimmt, erkennt unschwer, daß sich die Glaubenserwartung zunehmend vom Traditionschristentum auf jene Angebote verlagert, die eine tiefere Erschließung der Mysterien versprechen. Das aber heißt, auf den Punkt gebracht, daß eine Neuinterpretation des Glaubens angesagt ist. Da geistige Bewegungen im langen Zeitenrhythmus wiederzukehren pflegen, könnte man auch sagen, daß die Sinnsuche heute von ihrer anthropologischen Fassung, ohne diese aufzugeben, auf ihre ursprüngliche theologische Zielsetzung zurückgreift. Aufs neue ist die Suche nach dem spirituellen Bedeutungskern der Glaubensgeheimnisse in Gang gekommen. Das wache Kirchenvolk findet sich nicht länger mit der bloßen Wiederholung der altbekannten Stereotype ab. Und es weiß sich darin bestätigt durch das vertiefte Offenbarungsverständnis, das die theologische Forschung angebahnt und das Zweite Vatikanum zur allgemeinen und weit über die Kirchengrenzen hinaus akzeptierten Lehre erhoben hatte.

**Der Anreiz**

Nach diesem Offenbarungsverständnis ist Jesus in seiner Lebens-, Leidens- und Verklärungsgeschichte das leibhaftige Medium, in dem sich das Gottesgeheimnis entbirgt. Er ist nach dem Johannesprolog das »Wort«, das »alle Schätze der Weisheit und Erkenntnis in sich trägt« (Kol 2,3) und das als solches das Geheimnisdunkel Gottes lichtet und sein Schweigen bricht. Was es um dieses unergründliche Geheimnis ist, will demzufolge primär an der Gestalt und an den Stationen der Lebensgeschichte Jesu abgelesen werden. Jede einzelne von ihnen hat dem Glaubenden etwas ganz Spezifisches »zu sagen«. So wiederholt sich immerfort die von ihm ausgehende Faszination, die bei aller Gewalt des von ihm erweckten Eindrucks letztlich stets darin bestand, daß sich die Menschen in der Begegnung mit ihm von Gott ins Einvernehmen gezogen wußten. Nur so dürfte sich der abstrakteste und zugleich lichtvollste Satz des Neuen Testaments erklären, den das Johannesevangelium im Bewußtsein seiner Spitzenwertigkeit an den Anfang seines Berichtes stellt. Denn dieser Satz sagt nicht, wie von seinem Kontext zu erwarten wäre: »Im Anfang war die Wahrheit«, und auch nicht, wie es der Denkweise des johanneischen Kreises entsprochen hätte: »Im Anfang war die Liebe«, sondern, senkrecht zu diesen Sachaussagen: »Im Anfang war das Wort« (Joh 1,1).

Schon diese grundsätzlichen Überlegungen nötigen dazu, die Glaubensartikel stärker »auszureizen«, als es bisher üblich war. Und das aus zwei Gründen, die, so weit sie auseinanderliegen, doch gerade in ihrer Unterschiedlichkeit sich gegenseitig verstärken. Der erste ergibt sich aus der geistigen Auffassung des in einer ausgesprochenen Informationsgesellschaft lebenden Menschen, der, wenn er von der täglich auf ihn zurollenden Nachrichtenlawine nicht verschüttet werden soll, dieses ungeordnete Material sichten, werten und verarbeiten muß und so in eine gesteigerte Reflexivität gedrängt wird. Unwillkürlich überträgt er diese Einstellung auch auf den Glauben, den er im Sinn der Hierarchie der Wahrheiten gleichfalls zu sichten, mit der Frage nach ihrem Lebenswert zu werten und im Sinn einer tieferen Durchdringung zu verarbeiten sucht. Dabei überschreitet er stillschweigend eine Grenze, mit der er scheinbar Neuland, in Wirklichkeit aber nur den Mutterboden betritt. Während er auf allen Feldern seiner bürgerlichen Existenz mit seiner Intelligenz, seinem Engagement und seiner Kreativität gefordert wird, tritt ihm im Bereich des Glaubens eine Welt entgegen, bei der es umgekehrt auf die Unterdrückung, zumindest aber auf die Suspendierung dieser Fähigkeiten zugunsten eines Aktes gehorsamer Unterwerfung anzukommen scheint. Dem entspricht die tief eingewurzelte vergegenständlichende Sicht der Glaubensinhalte. Danach ist Gott die höchste Autorität, Jesus selbst der Herr, seine Stiftung, die Kirche, eine Institution, seine rettende Selbstzuwendung eine sakramental verfaßte Gnade und der Glaube an ihn die gehorsame Unterwerfung des Menschengeistes unter das Wort der göttlichen Autorität. Daß der Glaube tatsächlich jedoch darauf angelegt ist, den Menschen kreativ am Gotteswerk zu beteiligen, daß schon das Christusbild der Urgemeinde Spuren der Idealisierung aufweist, so wie in das der späteren Epochen deren Sehnsüchte und Frömmigkeitsformen einflossen, bleibt ebenso unberücksichtigt wie der Umstand, daß am Text der neutestamentlichen Schriften die Glaubenskraft ihrer Autoren samt deren Zeugen mitgewoben hatten.

Den zweiten und entscheidenden Grund nennt eines der seltenen Leitworte, die in die heutige Glaubenskrise, dazu noch mit prophetischer Kühnheit hineingesprochen wurden. Es ist der vieldiskutierte, in seiner Tragweite aber kaum erst begriffene Ausspruch KARL RAHNERS, der Christ der Zukunft werde ein Mystiker sein oder er werde überhaupt nicht sein. Weithin als das spirituelle Vermächtnis seines Sprechers empfunden, schreit dieser Satz geradezu danach, zum Prinzip eines neuen, kreativen Umgangs mit den Glaubenswahrheiten erhoben zu werden. Denn der Mystiker zeichnet sich von dem in der Vergegenständlichung befangenen Gläubigen dadurch aus, daß er die Wand der Satzaussagen durchbricht, indem er das in ihnen Gesagte zu verstehen, einzuatmen und dadurch zu seinem Inbesitz zu erheben sucht. Doch erscheint ihm das keineswegs als verwegener Griff nach einem ihm grundsätzlich entzogenen Geheimnis; vielmehr ist er von der Überzeugung getragen, daß ihm dabei immer schon der zuvorkommt, der nach dem Wort der Apokalypse vor der Tür des Herzens steht und Einlaß begehrt, um mit denen, die ihm öffnen, das Mahl des verstehenden und liebenden Einvernehmens zu halten (Offb 3,20).

# DIE SCHRITTE

## Gott: Vater und Schöpfer

»Vom Tode, von der Furcht des Todes, hebt alle Erkenntnis des Alls an.« So beginnt FRANZ ROSENZWEIGS epochales, der Toderfahrung des Ersten Weltkriegs abgerungenes Werk »Der Stern der Erlösung« (von 1921). In diesem Wort spiegelt sich die altbekannte Erfahrung, daß wir erst im Angesicht des Verlustes begreifen, was uns gegeben ist. Und mit der Größe des drohenden Verlustes weitet sich der begreifende Blick, bis er schließlich, wie in dem von Rosenzweig angenommenen Fall, die Gesamtheit des Seienden, die Welt, umfaßt. Im dunklen Bescheid um unser Sterbenmüssen, den wir alle in uns tragen, ist uns etwas über das All, das uns umgreift, mitgesagt. Im Vorgefühl des Todes ermessen wir, klarer als im täglichen Umgang mit der Welt, was es um sie, um den Reichtum ihrer Gegebenheiten und um den Sinn der sich in ihr abspielenden Geschehnisse und Schicksale ist.

Doch das Apostolische Glaubensbekenntnis weiß um einen zweiten, tröstlicheren Zugang. Im Hinblick darauf nennt es im Eingangssatz nicht einfach Gott, sondern »Gott den allmächtigen Vater«. Diese Eröffnungsformel, die schon in ältester Zeit mit dem Zusatz »Schöpfer Himmels und der Erde« versehen wurde, bildet freilich für das heutige Empfinden auch schon den ersten

Anstoß. Dabei kann sich dieser Widerstand auf die Tatsache berufen, daß Gott in den neutestamentlichen Kernschriften nur ein einziges Mal als der »Allmächtige« (Pantokrator) bezeichnet wird, und auch hier an einer von der neueren Forschung längst schon als unpaulinischer Einschub erwiesenen Stelle (2 Kor 6,18). Daß sich die Anrufung Gottes als Pantokrator dann in der letzten der neutestamentlichen Schriften, der Apokalypse, geradezu häuft, dürfte sich aus der starken Beeinflussung dieses Werkes durch liturgische Wendungen erklären.

### Die Einwände

Den entscheidenden Einwand äußerte jedoch HANS JONAS in seiner mit »Furcht und Zittern« ins Werk gesetzten Kritik des »Gottesbegriffs nach Auschwitz« (von 1984). Denn wenn Gott barmherzig war, durfte er dieser Argumentation zufolge das Ungeheuerliche nicht an seinem auserwählten Volk geschehen lassen; und wenn er zudem im Sinn der alttestamentlichen Redeweise »allmächtig« war, konnte er es nicht zulassen. Nachdem jedoch das Unbegreifliche geschah, müssen Jonas zufolge die beiden Vorzugsattribute aus dem Gottesbegriff herausgelöst werden. Und mit ihnen zusammen muß dann vor allem auch das Attribut der »Vatergüte« fallen. Denn nach Auschwitz ist nur noch ein Gott glaubwürdig, der, wie Jonas in seiner Schrift »Materie, Geist und Schöpfung« (von 1988) begründend nachschob, noch unterwegs ist zu sich selbst und deshalb für das Weltgeschehen, in welchem er erst zu sich selbst kommt, nicht verantwortlich gemacht werden kann. Die ganze

Verantwortung fällt vielmehr auf die Täter und insbesondere auf die Urheber der Unmenschlichkeit zurück.

Dem biblischen und religionskritischen Einwand schließt sich ein theologischer an, der sich freilich nicht auf die Qualifizierung Gottes, sondern auf seine Anrede als »Vater« bezieht. Da nach theologischem Grundkonsens alle Werke Gottes »nach außen« – Schöpfung, Offenbarung, Erlösung – stets von der gesamten Trinität vollzogen werden, kann die Nennung des Vaters im Eingangssatz nur im allgemein-religiösen, nicht aber in jenem spezifischen Sinn gemeint sein, den Jesus mit seiner »Abba«-Anrede verbindet. Insofern besagt die Formel, wie allgemein angenommen wird, nicht etwa, daß die Welt von der Person des Vaters geschaffen wurde, wohl aber sagt sie etwas – und zwar Entscheidendes – über den Zugang aus, den der Glaube zum Gottes- und Weltgeheimnis erschließt. Erstmals tritt hier in voller Klarheit zutage, daß alle gläubige Gotteserkenntnis über das Offenbarertum Jesu und dessen Höhepunkt, die Auferstehung, führt. Alle Glaubensaussagen stehen in ihrem Licht. Und das heißt: Das Glaubensbekenntnis will von der Auferstehung her gelesen, gesprochen und gedeutet werden.

## Der Zugang

Wenn das befremdlich klingt, dann nur, weil das Glaubensbewußtsein mit dem von Paulus erreichten und entwickelten noch immer nicht gleichgezogen hat. Für Paulus ist es ausgemacht, daß die Sache der Welt durch die Auferstehung Jesu aufs neue aufgerollt wurde, und das ebenso hinsichtlich ihrer Faktizität wie ihrer Erkennbarkeit. Weil Gott im Werk der Auferstehung aufs neue Hand an die Welt legte, um sie ihrer Todverfallenheit zu entreißen und ihrem definitiven Werdeziel entgegenzuführen, trat sie auch heller als je zuvor ans Licht. Man könnte an eine vom Auferstehungsereignis zurückgebliebene »Hintergrundstrahlung« denken, um den Grund dieser neuen Erkennbarkeit zu verdeutlichen. Seither steht die Welt nicht mehr vor dem nächtlichen Hintergrund des Nichts, sondern vor dem seiner Überwindung durch die an ihr und ihrer Geschichte teilnehmenden Liebe. Denn sie war es, die Gott zum Eintritt in die Menschheitsgeschichte bewog, die ihn in seinem menschgewordenen Sohn den Tod erleiden und sich in seiner Auferstehung gegen die Todesgewalten behaupten ließ. Seitdem steht die Welt in diesem neuen Licht. Wie zeigt sie sich darin?

Fürs erste als »Gegebenheit«, und das im tiefsten Sinn dieses Ausdrucks. Das besagt: als Inbegriff dessen, was nicht nur hingenommen, sondern – wie eine Gabe – entgegengenommen sein will. Sie zeigt sich also, biblisch ausgedrückt, als Schöpfung, hervorgegangen aus einer ewigen Macht und Weisheit: göttlicher Selbstentwurf in der Sphäre der Bedingtheit, Begrenztheit und Endlichkeit. Von daher – und nicht erst von der menschlichen Freiheit – rühren ihre Chaotik, ihre Todverfallenheit und ihr namenloses Leid. Doch ordnete sich das Chaos immerfort zum Kosmos, erwies sich der Tod als Preis der Liebe und stimulierte der Schmerz die schöpferischen Kräfte in allen Seins- und Lebensbereichen.

**Die Theodizee**

Auf die damit aufgeworfene Frage der Theodizee, also der Frage, ob sich so viel Grauen, Schmerz und Not rechtfertigen lasse, geht das Glaubensbekenntnis nicht ein. Einmal deswegen, weil es für diese Frage, die sinnvoll erst am Ende der Weltgeschichte gestellt werden kann, jetzt noch zu früh ist. Sodann im Bewußtsein der unendlichen Differenz von menschlicher und göttlicher Wertung, die von Jesus in seinen Gleichnissen wiederholt mit allem Nachdruck aufgerissen worden war. Vor allem aber im Gedanken an die Konsequenzen der Auferstehung. Sie sind sowohl optischer wie sachlicher Art. Denn vom Blickpunkt der Auferstehung aus gesehen, liegt die todverfallene Welt im Rücken, so daß von ihr im Grunde nur noch wie von einem abziehenden Gewitter die Rede sein kann. Sachlich jedoch nahm Gott mit der Auferstehung Jesu insofern allen Einwänden gegen sein Schöpfertum den Wind aus den Segeln, als er sie durch diesen Eingriff auf das Ziel hin überholte, das Paulus mit dem Wort von der »herrlichen Freiheit« der Gotteskinder umschreibt (Röm 8,21). Das aber ist das Ziel, das aus paulinischer Sicht dann erreicht ist, wenn dem zur Weltherrschaft gelangten Christus nach allem, was sich je gegen seine Herrschaft erhob, als letzter Feind auch der Tod unterworfen ist (1 Kor 15,26). Daran, und nicht an der leidvollen Annäherung an dieses Ziel, muß das Schöpfungswerk bemessen und beurteilt werden. Indessen fehlt es auch auf der »Durststrecke« der Annäherung an dieses Ziel nicht an einer göttlichen Antwort auf die quälende Frage nach dem Leid der Welt. Sie besteht im Kreuz des vielgeliebten Sohnes, in dem Gott das seinen

Kreaturen zugewiesene Ende selbst auf sich nahm. Deshalb behält in dieser auf Abruf geschaffenen Welt auch nicht der Tod, sondern das in der Auferstehung des Gekreuzigten aufscheinende Leben das letzte Wort. Darin ist es dann auch begründet, daß das Glaubensbekenntnis die Welt als das Werk des allmächtigen Vatergottes anspricht. In seinem Vatersein ist bereits angedeutet, daß sie zum Werdeziel der allumfassenden Gotteskindschaft bestimmt ist. Umgekehrt fällt vom göttlichen Vaterantlitz jenes neue Licht auf die Welt, die sie als Schöpfung erst wirklich lesbar macht.

### Die Schöpfung

Was sich in diesem Licht zeigt, sagt das im klaren Bewußtsein der Hinfälligkeit aller Dinge gesprochene Jesuswort, das zu einer Schau der Welt einlädt, die gleichzeitig exakt und poetisch ist und doch zugleich die naturwissenschaftliche und dichterische Sicht der Dinge überbietet:

> *Betrachtet die Lilien des Feldes, wie sie wachsen! Sie arbeiten nicht und spinnen nicht, und doch sage ich euch: selbst Salomon in seiner Pracht war nicht gekleidet wie eine einzige von ihnen (Lk 12,27).*

Danach ist die Schöpfung die Gotteswelt, die ungeachtet ihrer Vergeblichkeit und Todverfallenheit in den Händen des sie liebenden und umsorgenden Vaters ruht, der so, wie er die Lilien kleidet und die Vögel des Himmels ernährt, auch das verstörte Menschenherz beruhigen, trösten und aufrichten will. Freilich: ein definitives Zuhause kann und will die Schöpfung nicht bieten;

»denn die Gestalt dieser Welt vergeht« (1 Kor 7,31; 1 Joh 2,17). Und dies nicht nur deshalb, weil sie als Schattenwurf Gottes im Nichts dem Gesetz der Vergänglichkeit unterworfen, also eine »Welt auf Abruf« ist, und auch nicht nur deswegen, weil ihr Gott Größeres, als was sie faktisch ist, zubestimmt hat, sondern nicht zuletzt angesichts ihrer Tendenz, sich in sich selbst zu verschließen und sich dem ihr zugedachten Heil zu verweigern. Deshalb muß sie gerichtet werden, um im Feuer des Gerichts ihre Offenheit wiederzuerlangen und ihrem Endzustand entgegenzureifen.

## *Warum kein Beweis?*

Spätestens hier bricht die Frage auf: Woher wissen wir denn um den Gott, von dem das Glaubensbekenntnis unablässig spricht? Die Aussagen über ihn greifen ja zu hoch, als daß der Gottesglaube einfach vorausgesetzt werden könnte. Es ist dieselbe Frage, die KARL RAHNER in seiner Besinnung »Theos im Neuen Testament« (von 1950) an die Verfasser der neutestamentlichen Schriften stellte:

> *Das erste, was uns auffällt, wenn wir nach dem Gottesbegriff der Männer des Neuen Testaments fragen, ist die Selbstverständlichkeit ihres Gottesbewußtseins. Eine Frage einfachhin..., ob Gott existiere, kennen diese Männer eigentlich nicht. Eine Qual, erst nach Gott fragen zu müssen, sich erst langsam und besinnend überhaupt den Boden schaffen zu müssen, von dem aus so etwas wie ein Ahnen, Erfüh-*

*len oder Erkennen Gottes möglich wird, ein Gefühl, daß Gott sich dem fragenden Zugriff des Menschen immer wieder entziehe, eine Furcht, ob nicht etwa Gott am Ende doch nichts sei als eine ungeheure Projektion der Sehnsüchte und Nöte des Menschen ins Objektive, ein Leiden an der Gottesfrage: von all diesen und ähnlichen Haltungen des modernen Gottesbewußtseins weiß das Neue Testament nichts.*

**Der Vergleichsfall**

Nichts also von der den Menschen nach NIETZSCHE umstellenden »Lücke«, die durch den Gottesgedanken oder eines seiner Surrogate ausgefüllt werden müßte. Und schon gar keine Spur der Anfechtung, daß sich der erfragte Gott dem tastenden Zugriff des Menschen entziehen könne und dieser am Ende seines Fragens lediglich die Hand der eigenen Sehnsucht, wie es HÖLDERLIN in seinem »Hyperion« vermutet, zu fassen bekomme. Statt dessen registriert Rahner bei dem von ihm befragten Neuen Testament und seinen Autoren das vollkommene Gegenteil, eine vorgängige Gottesgewißheit:

> *Gott ist zunächst einfach da. Er ist für sie eigentlich bei all seiner Unbegreiflichkeit und Erhabenheit, bei all der Furcht... und dem erschütternden Glück, das ihnen diese Gotteswirklichkeit bereiten mag, zunächst einfach als die selbstverständlichste eines Beweises und einer Erklärung nicht bedürfenden Tatsache da.*

Dabei nehmen die neutestamentlichen Autoren von der Gottvergessenheit in ihrem Umfeld durchaus Kenntnis. Doch verhalten sie sich dazu ebensowenig reaktiv, wie sie konstruktiv auf die Möglichkeit eines Gottesbeweises eingehen. Wohl aber rechnen sie bei ihren Adressaten mit Menschen, die trotz ihrer Verlorenheit und Verlogenheit um Gott wissen, weil sie in ihrer Herzenstiefe von der offenbarenden Selbsterschließung Gottes im Gang der Menschheitsgeschichte berührt sind, also mit Menschen, die durch ihr Wort zum Vollbewußtsein ihrer religiösen Bestimmung geführt werden können.

So entspricht es, wie der Gedankengang Rahners zu ergänzen ist, ihrem eigenen Gottesbewußtsein, das durch den Umgang mit Jesus geprägt wurde und ihnen den Eindruck vermittelte, im Hören seiner Worte und im Erlebnis seiner Taten und Leiden von Gott selbst ins Einvernehmen gezogen und angesprochen worden zu sein. So kam es schließlich zu einer Umpolung ihrer ursprünglichen Bewußtseinslage mit der Folge, daß die Betroffenheit durch die alltägliche Lebenswelt für sie zurücktrat und anstatt dieser Gott für sie zum Erstgegebenen und Erstgewissen wurde. Aus solcher Gewißheit berichten und erzählen sie, frei von dem Bedürfnis, den Gott, den sie bezeugen, ihren Adressaten erst einmal beweisen zu müssen.

## Die Anwendung

Mit dem Glaubensbekenntnis verhält es sich ebenso. Denn seine Aussagen über Gott greifen zu hoch, als daß es den Gottesglauben einfach voraussetzen könnte. Indessen überläßt es den Nachweis von Gottes Existenz auch nicht etwa den Philosophen; vielmehr verfährt es in dieser Frage ähnlich wie das Evangelium: Es vermittelt die Gewißheit, daß Gott existiert, durch die Art, wie es von ihm spricht.

Zwar wendet es sich nicht wie das Vaterunser direkt an ihn; vielmehr redet es von Gott und seinem vielfältigen Heilshandeln. Doch hat es, wie bereits betont, seinen »Sitz im Leben« im Taufakt, wo es das Eingetauchtwerden in die Lebenssphäre des Erlösers worthaft mitvollzieht. Ebenso ist sein liturgischer Ort seit alters die Eucharistiefeier, wo es die gebetförmige Antwort des Gottesvolkes auf Evangelium und Predigt bildet. Das nähert es so stark dem Gebet an, daß von ihm Gleiches wie von diesem angenommen werden kann. Das Gebet aber wendet sich nicht nur an Gott; in ihm geht es vielmehr um Gott, denn das Gebet ist die mit dem Herzen gestellte Gottesfrage, mit MARTIN BUBER gesprochen, die Bitte um Selbstkundgabe Gottes.

## Der Gebetsakt

Zunächst ist das Gebet freilich ein Wurf ins Bodenlose. Es beginnt mit der Annahme, daß der in ihm ausgestoßene Ruf nicht ungehört verhallt, daß also der Adressat, an den es sich wendet, tatsächlich existiert. Es beginnt, genauer noch, mit einem Versuch der Selbstbegründung auf Gott. Sein Fragecharakter jedoch ergibt sich aus seiner Verwandtschaft mit der Sinnfrage. Wer diese mit letzter Entschiedenheit stellt, sucht keine Auskunft nach Art einer »Lebensformel«; er tastet vielmehr nach einem letzten Halt, weil er, der allseits bedingte Mensch, letztlich nur im Unbedingten sein Sinnziel findet. Er entwirft sich auf das Absolute hin. Doch dieser Versuch hat den Charakter der Anfrage, ob es den unverbrüchlichen Halt auch wirklich gibt und ob das Absolute, von dem er erhofft wird, tatsächlich existiert.

Die Lösung bietet, so paradox das klingt, das vergebliche Gebet, das keine Erhörung findet. Denn diese bittere Enttäuschung hindert, so oft sie gemacht wird, die Menschen keineswegs daran, immer wieder aufs neue zu beten. Daß sie es tun, erklärt sich daraus, daß sie nur scheinbar enttäuscht wurden. Versagt blieb ihnen zwar die Erfüllung des konkreten Anliegens, das sie zum Gebet bewog. Statt ihrer erfüllt sie jedoch eine leise Tröstung, die ihnen Festigkeit und Zuversicht verleiht und die sie dem näherbringt, worum sie nicht gebetet hatten: den Sinn ihres Daseins. Das aber besagt, daß sie von Gott für die erlittene Frustration mit seinem dunkel gefühlten Selbsterweis entschädigt wurden. Ihre Enttäuschung war die Extremform jener Katharsis, die jedes Gebet durchläuft, sofern der Beter allemal von seinen ursprünglichen Strebezielen abgebracht und auf den zurückverwiesen werden muß, um den es letztlich geht: um Gott.

Ist aber das Glaubensbekenntnis auch wirklich ein Gebet? Zwar bildet es einen festen Bestandteil liturgischer Feiern; doch unterscheidet es sich von den gerade in diesem Kontext gebräuchlichen Gebeten dadurch, daß in ihm keine Anrufung erfolgt, keine Bitte vorgetragen und kein Dank erstattet wird. Insofern fällt es aus dem Rahmen der üblichen Gebetsformen heraus. Wenn aber Gebet soviel wie Versenkung ins Gottesgeheimnis besagt, ergibt sich ein ganz anderes Bild: Dann schreitet der

Sprecher des Bekenntnisses mit den einzelnen Sätzen die Stationen des Lebensweges Jesu ab, oder wesentlicher noch gesehen, den Weg, den Gott bei seiner Herablassung zur Menschheit beschritten hat. Und im Wissen um diese Weggemeinschaft wird er Gottes unmittelbarer als auf dem philosophischen Argumentationsweg gewiß.

## *Himmel und Erde*

Mit der Wendung »Schöpfung des Himmels und der Erde« wird nicht nur das Schöpfertum Gottes bekannt, sondern auch der damit entstandene Raum seiner Herrschaft, seines Waltens und seiner Nähe, kurz der »göttliche Bereich« (TEILHARD DE CHARDIN) angesprochen. Dabei meint »Himmel« den – unräumlichen – Ort seines Wohnens und In-sich-Seins, die »Erde« den seines Wirkens und seiner Selbstmitteilung. Deshalb sind die beiden Räume belebt: der Himmel durch Wesen, denen die Verherrlichung und Anbetung Gottes obliegt – die Engel –, die Erde durch die Adressaten der göttlichen Vorsehung und Vatergüte, aber auch seiner Selbstzuwendung und seines Gerichts.

Um dabei einzusetzen, so gewinnt heute der johanneische Gedanke zusehends an Plausibilität, daß das Gottesgericht zugleich als das menschliche Selbstgericht zu gelten hat; denn es liegt in der Hand des Menschen, ob sich die Erde in einen Himmel oder eine Hölle verwandelt. Und das nicht nur in jenem sozialen Sinn, den das bittere Sartre-Wort »die Hölle – das sind die andern« anspricht, sondern ökologisch, weil die vom Menschen ausgebeutete und verwüstete Erde ihre Grundbestimmung, Lebensraum zu sein, zu verlieren droht. Was hat der Glaube dazu zu sagen?

### Der Auftrag

Auch wenn sich das Glaubensbekenntnis nicht ausdrücklich dazu äußert, ist seine Stellung doch eindeutig. Als Ansprechpartner, an den sich die Gottesoffenbarung richtet, ist der Mensch das Vorzugsgeschöpf, dem die denkbar größte Aufgabe übertragen ist, die Erde als den ihm zuerschaffenen Garten zu beschützen und zu bebauen und über alles Lebendige als Statthalter Gottes zu herrschen. Nichts wäre verhängnisvoller, als wenn er über seiner Machtposition den Kultur- und Bewahrungsauftrag vergessen würde! Doch gerade daran krankt die allein dem Herrschaftswissen verschriebene Kultur der Neuzeit. Sie richtet sich selbst, sofern sich unter ihrem Zugriff die Erde in eine lebensfeindliche Wüste verwandelt. Um dieses Gericht abzuwenden, muß sie lernen, das selbstzerstörerische Herrschaftsdenken unter den Bewahrungsauftrag zu beugen.

Eine Einübung dazu bietet das Glaubensbekenntnis durch den indikativischen Gesamtduktus seiner Aussagen. Stets ist von dem die Rede, was »ist«, nie von dem, was man haben sollte. Erneut zeigt sich darin sein Unterschied zu den Gebeten, die sich in Anrufungen und Bitten ergehen. So erweist sich das Glaubensbekenntnis als eine stillschweigende »Überredung« zu einem Leben in der Ruhelage des Seins und der Abkehr von der Hektik des Begehrens und unersättlichen Habenwollens. So löscht es den Herd, an dem sich der Besitz- und Herrschaftswille immer neu entzündet. Und damit schafft es für jenes neue Weltverhältnis Raum, das dem Gebot, zu schützen, zu schönen und zu pflegen, entspricht. Unverkennbar nähert es sich damit dem buddhistischen Welt- und Selbstverhältnis an, sofern dieses der Leidenschaft des Begehrens, des Leisten- und Habenwollens, Einhalt gebietet. Unverkennbar ist aber auch der Gegensatz dazu, da der Glaube nur die Fehlhaltungen des menschlichen Willens, nicht jedoch diesen selbst verneint.

## Der Heilsraum

Mit dem Begriffspaar »Himmel und Erde« mißt der Artikel vor allem aber die Dimension aus, in der sich das in der Folge aufgerufene Heilsdrama abspielt. Während das Apostolikum darauf erst im Artikel von der Himmelfahrt zu sprechen kommt, wird dieser Hintergrund im Credo der Liturgie, dem nach den beiden prägenden Konzilien als das nizäno-konstantinopolitanische bezeichnete Glaubensbekenntnis, schon im Auftakt dazu aufgerollt. Nie wurde das in seiner Auslegungsgeschichte gewaltiger dargestellt als im Credo von BEETHOVENS Missa solemnis (von 1827). Hier entspricht dem »Aufstieg« der Himmelfahrt der »Abstieg« der Menschwerdung, die – nach Beethoven geradezu sprunghafte – Vertauschung der himmlischen Heimat mit dem irdischen Aufenthalt, wo den Gottessohn zu Beginn seines Erdenlebens zwar die Liebe der jungfräulichen Mutter umfängt, wo er am Ende aber den qualvollen Kreuzestod erleidet und im Begräbnis buchstäblich »dem Boden gleichgemacht« wird.

### Die Bedeutung

Im Rahmen einer Neuinterpretation zwingt das zur Rückfrage nach der Bedeutung der beiden Pole. Dabei bezeichnet die »Erde« unverkennbar den Ort der Erniedrigung des Gottessohnes, nicht erst in Tod und Begräbnis, sondern schon beim ersten Schritt in diese Erdenwelt, bei seiner Geburt. Denn »geboren aus einer Frau« bedeutet bei Paulus (Gal 4,4) soviel wie die Unterwerfung des göttlich Freien unter die Bedingungen der Endlichkeit, seine »Verkleinerung«, wie die Kirchenväter sagen, bis zur Empfängnis, Wiege, Kindheit und Tod.

Wenn es sich aber so verhält, kann »Himmel« unmöglich genau dasselbe zu Beginn und am Ende der in der Folge mehr angerissenen als erzählten Lebensgeschichte besagen. Zu Beginn bezeichnet er fraglos den Ursprungsort des Gottessohnes, von dem der Johannesprolog sagt, daß er seit Urbeginn, und das heißt: von Ewigkeit her »am Herzen des Vaters ruht« (Joh 1,18). Zwar ist das durchaus räumlich, näherhin im Sinn des altorientalischen Weltbilds mit den Regionen der Gottheiten, der Erdenwelt und der Unterwelt gedacht. Doch gehört die Raumvorstellung eindeutig zur Szenerie, die dem Abstieg des Heilbringers zu dramatischer Anschaulichkeit verhilft und als solche nicht zur Glaubensaussage gehört. Gleiches gilt vom Ziel seines Aufstiegs, der keinen »Ortswechsel«, sondern seine Aufnahme in die Lebenssphäre Gottes besagt. Deshalb bedeutet »Himmel« hier auch nicht einfach das Woraufhin der Rückkehr an seinen Ursprungsort. Denn der von der Jungfrau Geborene und unter Pontius Pilatus Gekreuzigte kehrt nicht als derselbe zurück, als der er kam. Er bringt vielmehr die ganze Erdenschwere mit, die er auf sich genommen hatte. Niemals mehr wird er sich von denen trennen, die ihm mit Liebe und Haß, Treue und Verrat, Glaube und Ablehnung begegnet waren. So ist er geradezu genötigt, seinen »Himmel« zu teilen und ihn gleichzeitig am Herzen des Vaters und im Herzen der Seinen zu suchen. Doch wie gestaltet sich sein Erdenleben?

## *Der eingeborene Sohn*

Mit diesem Artikel hat es die seltsame Bewandtnis, daß er sich am besten auf dem Weg seiner Umkehrung erschließt. Mit dem »Gott des eingeborenen Sohnes« ist aber konkret das Gottesbild Jesu und seine zentrale Lebensleistung erfragt. Im Unterschied zum liturgischen Credo mit seinem »Für uns Menschen und für unser Heil« gibt das Apostolikum kein Motiv der Menschwerdung an. Und das womöglich deshalb, weil es wie den Tod so auch die Menschwerdung Christi zweckfrei denkt. Zweifellos muß aber der Sprung vom Himmel zur Erde eine vergleichbare Veränderung der menschlichen Verhältnisse, in erster Linie des Gottesverhältnisses nach sich ziehen.

### Die Gottesbilder

Tatsächlich ist das Gottesverhältnis – und Gottesverständnis – der Menschheit durch eine Reihe revolutionärer Umbrüche gekennzeichnet. Am Anfang dürfte nach Ausweis ältester Idole die Vorstellung von einem

Kreislauf gestanden haben, der mit der Geburt aus dem göttlichen Mutterschoß alles Lebens begann und – in symbolischer Vertauschung von Tod und Zeugung – in deren »Wiederholung« beim Begräbnis ausmündete. Als göttlich wird dabei die Kraft empfunden worden sein, die diesen Kreislauf aufrechterhielt und sich im Zyklus der Vegetation, ihrem unablässigen »Stirb und werde«, darstellte. Ein erster Schritt führte von da zur Auffächerung dieses Urzusammenhangs, vor allem im Entwurf des Götterhimmels, der die numinose »Tiefe im Antlitz der Welt« (WEISCHEDEL) ins Licht vielfältiger Gestalten hob. Der entscheidende Umbruch gelang jedoch – nach dem Vorspiel der Reform des Echnaton – erst dem Glauben Israels, der die als Weltattribute gedachten Götter entmachtete und alles Sein der Herrschaft des einen überweltlichen Gottes unterwarf. Als »Schöpfer Himmels und der Erde« vereint er in sich alle numinosen Qualitäten, doch so, daß er der Welt in strenger Transzendenz gegenübersteht. Dennoch ist er ihr näher als sie sich selbst. Schon darin ist er für den Menschengeist das unauflichtbare Geheimnis. Erst recht gilt das unter dem Aspekt seiner Heiligkeit. Denn darin erscheint er ebenso als der Gott der grenzenlosen Erbarmung wie als der Inbegriff der erdrückenden Übermacht und des tiefsten Grauens.

### Die Korrektur

In seiner Lebenswelt sah sich Jesus mit den bedrohlichen Folgen dieses gleicherweise »gütigen und grausamen Gottes« (BUBER) konfrontiert. Im Vertrauen auf seine Güte erhofften die »Frommen«, die sich hauptsächlich in der weithin am Rand des Existenzminimums lebenden Bevölkerung fanden, die rettende Wende der bedrückenden Lebensverhältnisse und die befreiende »Erlösung Israels« (Lk 24,21), während eine große Zahl, insbesondere die zum Äußersten entschlossene Zelotengruppe, im Vertrauen auf die richtende und rächende Gottesmacht den Befreiungsschlag gegen die Unterdrükker erwartete (SCHENKE).

In der klaren Erkenntnis, daß diese zwiespältige Reaktion und ihre Ursache, der Zwiespalt im Gottesbild, nur ins Verderben des Volkes führen konnte, zog Jesus in aller Form die Konsequenz aus seinem eigenen Gotteserlebnis, indem er den ungeteilten Gott der bedingungslosen Liebe verkündete und für ihn ebenso ungeteilte Gottes- und Nächstenliebe forderte. Im Namen dieses Gottes konnte kein Krieg, so gerechtfertigt er unter den unerträglichen Verhältnissen erscheinen mochte, geführt werden; diesem neuen Gottesbild konnte nicht einmal ein Vorwand dafür entnommen werden.

Die bahnbrechende Entdeckung Jesu aber bestand darin, daß sich dieser Gott in ihm und dem, was sich ihm als sein innerster Persongrund entschleierte, seit Ewigkeit erkannt, angenommen und geliebt hatte. Aus solcher Tiefe kam die Stimme, die ihm in der Stunde seiner Taufe versicherte: »Du bist mein geliebter Sohn, dich habe ich erwählt« (Lk 1,11), und die ihm damit die erfüllende Antwort auf seine Identitätsfrage gab. Doch diese Antwort verlangte ihrerseits nach einer vollgültigen Beantwortung. Und die gab Jesus, indem er Gott als erster im Vollbewußtsein des Ausdrucks »Vater« nannte. Mit dieser Anrede »Abba – Vater!« durchbrach er die Schweigemauer, die sich zwischen dem unergründlichen

Gottesgeheimnis und der Menschheit erhob; mit dieser Anrufung überbrückte er den Abgrund, der die Menschheit von dem unerreichbar fernen und unbegreiflichen Gott trennte; mit diesem Zärtlichkeitswort erschloß er den Zugang zum Herzen Gottes.

**Die Lebenstat**

In der krönenden Lebenstat, mit der Jesus die letzte und größte Revolution in der Religionsgeschichte – eine wahrhaft sanfte Revolution, von der erst die jüngste Geschichtserfahrung einen Begriff vermittelte – herbeiführte, spiegelt sich deutlicher als in jeder definierenden Umschreibung das Wesensgeheimnis dessen, den das Apostolikum als »Gottes eingeborenen Sohn« bekennt. Indessen hat sein Geheimnis nicht nur diese »metaphysische«, sondern auch eine im höchsten Sinn des Wortes »dialogische« Dimension. Weil der Gottessohn aus einem Vorgang göttlicher Selbstverständigung hervorgeht, gehört es zu seinem Vollbegriff, daß er gleicherweise »antwortet« und »gesandt« ist: zurückerstattet an den sich in ihm erkennenden Vater und bedacht mit einer möglichen Sendung an die Welt – und dies mit dem Ziel, sein ewiges Sein geschichtlich auszurichten. Mit der Rede von der »Fülle der Zeit« zeigt Paulus (Gal 4,4) übereinstimmend mit dem Evangelium (Mk 1,15) an, daß dafür jedoch erst einmal »die Zeit gekommen sein mußte«, die (nach Eph 1,10) mit der Disposition Gottes gegebene »Zeit seines Redens«, aber auch die Zeit der dafür aufnahmefähigen Kulturstufe.

## Zeit des Redens

Zweifellos hat die Vorstellung von einem »Geschichtsstau«, mit dem längst Angebahntes herangereift war und zur Entscheidung drängte, zunächst die Initiative Gottes im Blickpunkt. Nachdem er sich den Vätern Israels längst schon durch das prophetische Wort »oftmals und auf vielfältige Weise« mitgeteilt hatte, führte er das Zeitende mit seinem Entschluß herauf, sich definitiv durch den zu offenbaren, der (nach Joh 1,1) sein »Wort« und Partner seiner ewigen Selbstverständigung ist: im Sohn (Hebr 1,1 f.). Dadurch wollte er für Juden und Heiden nach der »Zeit der Unwissenheit« (Apg 17,30) die große »Stunde des Aufatmens« anbrechen lassen (3,20). Denn nicht länger wollte er, wie die Areopagrede sagt, der »unbekannte« und »ferne« Gott sein (17,23–27), dessen Spuren sich im Dunkel verloren. Vielmehr sollte nach der Finsternis, welche die Völker bedeckte, und dem Morgenlicht, das über Israel erstrahlte, die volle Tageshelle seiner Selbstoffenbarung anbrechen. So sieht auch Paulus den heilsgeschichtlichen Zeitengang, nur mit der Akzentverschiebung, daß für ihn mit der Sendung des Sohnes nach der Wartezeit »unter dem Gesetz« und der Herrschaft der »Weltmächte« die Stunde der befreienden Rettung schlug (Gal 4,4–7).

## Die Kulturstufe

Indessen mußte von seiten der Menschheit auch die Kulturstufe erreicht sein, die über die für die göttliche Selbstmanifestation erforderlichen Mittel menschlicher Promulgation verfügte. Wenn das in Jesus erschienene

Heil weltweit verkündet werden sollte, war Voraussetzung dafür vor allem eine vollentwickelte Schriftkultur, weil nur sie die Medien bereitstellte, die die Aufzeichnung des von den »Dienern des Wortes« (Lk 1,2) Gesagten und die Überbrückung der geographischen Entfernungen ermöglichten. Daß auch die hochentwickelte Infrastruktur des Imperium Romanum der Ausbreitung des Evangeliums zugute kam, stand für so wichtige Zeugen wie EUSEBIUS VON CAESAREA und LEO DEM GROSSEN außer Frage. Was sich ereignete, als die »Zeitfülle« und ihre kulturgeschichtlichen Errungenschaften erreicht waren, sagen die nächsten Artikel.

## *Empfangen durch den Gottesgeist*

Bevor das Glaubensbekenntnis auf die Geburt des Heilbringers »aus Maria der Jungfrau« zu sprechen kommt, betont es deren gottgewirktes Zustandekommen mit den Worten: »Empfangen durch den Heiligen Geist«. Wie sehr es ihm angelegen ist, den Gedanken an eine wenn auch noch so sublime Zeugung fernzuhalten, zeigt sich daran, daß die ursprüngliche Fassung »geboren vom Heiligen Geist aus Maria der Jungfrau« vom 6. Jahrhundert an durch die heutige zwischen »empfangen durch den Heiligen Geist« und »geboren aus Maria der Jungfrau« unterscheidende Formel ersetzt wurde.

**Kein Mythos**

Einer mythologisierenden Deutung, welche die Jungfrauengeburt aus altorientalischen oder hellenistischen Mythen herzuleiten sucht, widerspricht das Bekenntnis somit schon von seinem Wortlaut her. Das besagt freilich nicht, daß der im altägyptischen Königsritual entwickelte und über die Osiris-Mysterien in den hellenistischen Götterglauben eingedrungene Mythos von der Geburt des göttlichen Kindes nicht auch auf die Kindheitsgeschichte der Evangelien – wie Ähnliches von der »Höllenfahrt« Christi zu sagen ist – Einfluß gewann; wohl aber heißt es, daß bei deren Interpretation zunächst auf Vergleichsmotive aus jüdischer Tradition zurückgegriffen werden muß, vor allem aber heißt es, daß dabei in erster Linie die Aussageintention des Artikels zu berücksichtigen ist. Die aber spricht sich eindeutig für die gottgewirkte – und allein dem Gotteswirken zuzuschreibende – Geburt dessen aus, der seiner innersten Herkunft nach dem ewigen Gottesleben entstammt.

Was die innerbiblische Herleitung anlangt, so weist das Engelwort »Heiliger Geist wird über dich kommen und die Kraft des Höchsten dich überschatten« (Lk 1,35) unverkennbar zurück auf den Genesisbericht vom Schöpfungsanfang, der mit dem Bild von dem über den Wassern schwebenden Gottesgeist (Gen 1,2) umschrieben wird, nach der wortgewaltigen Übersetzung BUBERS: »Braus Gottes schwingend über dem Antlitz der Wasser«. Im Rückblick darauf besagt der Artikel, daß Gott durch die Jungfrauengeburt seines Sohnes einen neuen Anfang mit der Welt gemacht hat, auch wenn dieser Neubeginn erst mit der Auferstehung Jesu voll ins Licht tritt. Denn erst dort wird deutlich, daß er in der Auferweckung des Gekreuzigten Hand an die bedenklichste Stelle der Schöpfung legte: an ihre Todverfallenheit, und daß er sie dieser extremen Hinfälligkeit dadurch entriß, daß er durch die Todüberwindung Jesu die Vision einer Welt eröffnete, in der es nach dem Wort der Apokalypse keinen Tod und keine Tränen mehr gibt, weil »das Alte vergangen ist« (21,4).

### Die Grundformel

Aufs neue wird damit deutlich, daß das Glaubensbekenntnis die Stationen der Heilsgeschichte dem chronologischen Anschein zum Trotz vom Blickpunkt der Auferstehung her aufführt. Das wird gerade für den Artikel »Empfangen durch den Heiligen Geist« klar, sobald man ihn mit dem Eingang des Römerbriefs vergleicht, der in seiner Grundfassung eine zweigliedrige Taufformel wiedergibt:

*Er stammt dem Fleische nach aus Davids Samen;*
*Dem Geist der Heiligkeit nach ist er eingesetzt zum Gottessohn in Macht durch die Auferstehung von den Toten (Röm 1,3f.).*

In dieser Formel ist das Menschliche – »aus Davids Samen« – genauso mit dem Göttlichen – »eingesetzt zum Gottessohn in Macht« – zu einer überbegrifflichen Spannungseinheit zusammengefaßt, wie im Begriff der jungfräulichen Mutterschaft. Gleiches gilt von der auf zwei Ebenen erzählten Geburtsgeschichte des Matthäusevangeliums, die zunächst von dem auf Maria gefallenen Verdacht berichtet und dann von dem alle Zweifel ausräumenden Engelwort – »was in ihr erzeugt ist, stammt vom Heiligen Geist« (Mt 1,20) –, wenngleich unter Berufung auf ein nur in der Septuaginta-Übersetzung beweiskräftiges Schriftwort (Jes 7,14). Die sich darin bekundende Tendenz wird allerdings verständlich, wenn man sich die Entstehung der gerade im Matthäusevangelium sich häufenden Schriftzitate vergegenwärtigt. Sie entstammen durchweg der intensiven Suche nach einem Schlüssel für die sich in der Passion extrem verdunkelnde Lebensgeschichte Jesu. Was diese an Fragen aufwarf, fand im Sinn der Suche in Stellen der alttestamentlichen Schriften die längst schon vorweggegebene Antwort. Noch dichter schließt sich indessen der Zusammenhang, wenn man die Herkunft der Formel aus der urchristlichen Tauffeier berücksichtigt. Da die Taufe als das sakramentale Eingetauchtwerden in die Lebenssphäre des Erlösers zu gelten hat, sprach alles dafür, sich durch das Glaubensbekenntnis die Stationen seiner Lebensgeschichte zu vergegenwärtigen. Auf dem Artikel von der Jungfrauengeburt lag dann aber schon deshalb ein besonderer Akzent, weil die Taufe gleichzeitig als das Sakrament der »Wiedergeburt« zur Gotteskindschaft zu verstehen ist.

### Der Archetyp

Mit dem Stichwort »Wiedergeburt« ist zudem die von EUGEN DREWERMANN ausgeleuchtete tiefenpsychologische Dimension des Artikels angesprochen. Wie kaum ein anderer lädt er den Glaubenden tatsächlich dazu ein, sich in dem von ihm vor Augen gestellten Geheimnis wiederzuerkennen. Mehr noch: Das Mysterium der Jungfrauengeburt stößt ihm noch verborgene

»Tiefen« seines Bewußtseins auf, legt die ihm eingeschriebenen »Engramme« und »Archetypen« frei und bringt ihm, zusammen mit seinen heimlichen Sehnsüchten, auch seine Elementaraufgabe der Selbstfindung und der »Annahme seiner selbst« (GUARDINI) zu Bewußtsein. Wenn NOVALIS von dem alle je von Künstlern geschaffenen Bilder überbietenden »Seelenbild« spricht, qualifiziert er dieses zudem eindeutig als das – nach FRIEDRICH RÜCKERT – vor einem jeden stehenden Werdeziel, als Ideal. Ideale aber unterscheiden sich von vorgegebenen Bildern dadurch, daß sich in ihnen Gesehenes mit Entworfenem und Geschaffenem verbindet. Sie sind, bei allem Gewährt- und Gegebensein, zugleich Schöpfungen der menschlichen Kreativität. Nun ist der Glaube zwar primär ein rezeptiver, sich dem göttlichen Offenbarungswort öffnender Akt, aber schon darin ein Akt, der alle Kräfte des Menschen, auch seine kreativen, aufruft. Naturgemäß tritt dieser kreative Zug bei den Artikeln am stärksten zutage, die sich thematisch auf die Selbstwerdung, die Verlorenheit und die Sehnsucht des Glaubenden beziehen, und dazu gehört, noch vor der Höllenfahrt und dem ewigen Leben, der Artikel von der Jungfrauengeburt.

Nach JOSEPH RATZINGER blickt der Artikel aber nicht nur auf den Schöpfungsanfang zurück; vielmehr ordnet die »Überschattung durch die Kraft des Höchsten« die jungfräuliche Mutter überdies dem Motiv des Bundeszeltes und des Tempels als Stätten der Herablassung Gottes und seiner im Wolkendunkel verhüllten Gegenwart zu. Indessen steht die Wendung in einem noch tieferen Zusammenhang, der die das Judentum von frühen Anfängen bis in die Gegenwart hinein bewegende

Idee der göttlichen Herablassung und Selbstvergegenwärtigung in Gestalt der Schechina betrifft. Kronzeuge dessen ist MARTIN BUBER, der in seinem Roman »Gog und Magog« die Schechina, verschleiert und verletzt, die Straßen der Welt durchwandern sieht: eine Figur stellvertretender Anteilnahme am Elend der Welt, aber auch der gestaltgewordene Aufruf, das Verlorene zu suchen und zu Gott zurückzuführen. Darin berührt sie sich mit WALTER BENJAMINS Deutung des »Angelus Novus« als Engel der Geschichte, dem es aufgegeben ist, das Zerschlagene zusammenzufügen, vor allem aber mit der großen Tradition der Weisheit, die in ihrer marianischen Abwandlung zur Vorstellung von der SEDES SAPIENTIAE führte und im fernen Nachklang noch im Bild der Schutzmantelmadonna nachwirkt.

### »In tausend Bildern«

Dieser offensichtlich schon in den Evangelien einsetzende weisheitliche Zug im Geheimnis der Jungfrauengeburt kommt einer nicht hoch genug anzusetzenden Verstehens- und Deutungshilfe gleich. Denn die Jungfräulichkeit ist in neutestamentlicher Zeit, nicht zuletzt auch im Bereich der Gnosis, wie KARL MATTHÄUS WOSCHITZ zeigte, ein »Würdeprädikat«. Sie hebt die Mutterschaft Mariens über den natürlichen Begriff hinaus und behauptet eine Dignität, die ihr »von oben her« zukommt und sie als etwas Niedagewesenes erweist, wie es sonst nur von der Auferstehung ausgesagt werden kann. So zeigt sich hier nochmals, daß das Licht, das die Geburt Jesu verklärt, vom Ereignis der Auferstehung her auf sie fällt. Erneut bestätigt das, daß der Artikel ein

Symbol enthüllt. Symbole aber muß man in ihrer Leuchtkraft gelten- und stehenlassen. Sie analysieren zu wollen, wie es auch unter großen Theologen dieses Jahrhunderts üblich wurde, liefe auf ihre Zerstörung hinaus. Doch der Artikel widersetzt sich ebenso der frommen wie der frechen Analyse. Die »Würde« der jungfräulichen Mutter will »gewürdigt«, nicht diskursiv »erörtert« werden. Geistesgeschichtlich verweist er in eine Ordnung, in der die Weisheit, nicht die Wissenschaft waltet. Betrieb die Wissenschaft – mit MAX WEBER gesprochen – die »Entzauberung« der menschlichen Lebenswelt, so das Symbol der jungfräulichen Mutter eher deren »Wiederverzauberung«. Das kommt keinem Rückfall in den Mythos gleich, wohl aber einem Hinweis auf die Instanz, die immer schon für die dem Zugriff des Intellekts entzogene Dimension und für das nur den Dichter hörbare »Lied in allen Dingen« eintrat: die Kunst.

### Die Zeugnisse

Sie hat sich des Artikels schon seit Beginn der Glaubensgeschichte angenommen, im Grunde schon in der Verkündigungs- und Geburtsszene des Lukasevangeliums, in der Katakombenmalerei, in der ravennatischen und byzantinischen Mosaikkunst, dann in der Malerei und Plastik des Mittelalters, allen voran in den Madonnenbildern von KONRAD VON SOEST, von STEPHAN LOCHNER, von HANS MEMLING und von JAN VAN EYCK. Ihren Höhepunkt erreichte die künstlerische Deutung des Artikels fraglos in den Werken der Früh- und Hochrenaissance, angefangen von DUCCIO, FRA ANGELICO und FILIPPO LIPPI bis hin zu BOTTICELLI, RAFFAEL, EL GRECO und GRÜNEWALD. Während Raffaels »Sixtinische Madonna« den visionären Zug des Artikels unterstreicht, betont die »Weihnachtssicht« des Isenheimer Altars den zweifachen Verweisungszusammenhang, in welchem er zu sehen ist: einmal zur Passion, auf die die zerrissene Windel des Kindes und die mit einem Kreuz verriegelte Pforte anspielt, sodann – und insbesondere – zur Auferstehung, die in der weisheitlich gestalteten Lichtgestalt im Torbogen beziehungsreich vorweggenommen ist.

Damit bestätigt die Kunst in einem ihrer eindringlichsten Zeugnisse, daß die Jungfrauengeburt tatsächlich vom Ende der Jesus-Vita her aufgefaßt sein will: von der Auferstehung des Gekreuzigten. Wie dort die Weisheit Gottes in der Torheit des Kreuzes aufscheint und seine Macht in dessen Schwachheit wirksam wird (1 Kor 1,22ff.), so ist hier die menschliche Mutterschaft in die Wirkmacht des Gottesgeistes hinein aufgehoben. Und wie dort das österliche Paradox dazu zwingt, Erniedrigung und Herrlichkeit, Ohnmacht und Tod überwindende Gotteskraft zusammenzudenken, so hier der Artikel von der Jungfrauengeburt Mutterschaft und Jungfräulichkeit. Mit physiologischen Folgerungen würde der Artikel ins Mirakulöse herabgespielt und seiner Würde beraubt. Es kommt aber darauf an, ihn auf jener Höhe anzusetzen, die ihm das Glaubensbekenntnis zumißt. Wer dagegen verstößt, verwechselt das Mysterium mit einem Mirakel. Doch das Mysterium ist mehr; und davon lebt der Glaube.

Auf den Namen Maria, der für die Jesus entgegengebrachte Mutterliebe steht, folgt im Apostolikum unvermittelt der seines römischen Richters Pontius Pilatus, des von den Evangelisten geschönten, von den Zeitgenossen als bestechlich und grausam geschilderten Prokurators, der über Jesus auf die Anklage seiner jüdischen Gegner hin das Todesurteil verhängt. Hinter diesem kaum zu überbietenden Gegensatz verbirgt sich ein schweres Problem. Warum geht das Glaubensbekenntnis mit keinem Wort auf das Leben und Wirken ein? Auf sein Wirken als Künder des Gottesreiches in seinem Reden und seinen Wundertaten? Auf seinen Einsatz für die Leidenden und Benachteiligten, die »Erniedrigten und Beleidigten«? Auf seine Erfolge und Rückschläge, in denen sich sein Ende in Passion und Auferstehung ankündigt? Erklärt sich das befriedigend aus der österlichen Perspektive, in der das Apostolikum Person und Leben Jesu sieht, oder besteht hier nicht doch ein Nachholbedarf, der eine ausdrückliche Einbeziehung der Lebensleistung Jesu in das Bekenntnis zu ihm erfordert?

## Gelitten

Bei allem Gegensatz verbindet die beiden Namen doch eine innere Folgerichtigkeit. Wenn der Gottessohn, paulinisch gesehen, mit der Geburt »aus einer Frau« (Gal 4,4) den Weg seiner Erniedrigung betrat, führte ihn dieser in leidvoller Folgerichtigkeit bis zu seiner extremsten Entäußerung im »Tod am Kreuz« (Phil 2,8). Anders als das liturgische Credo, das mit dem »Crucifixus« einsetzt, rückt das Apostolikum den ungeheuerlichen Gedanken, daß der Gottessohn leiden mußte, in den Vordergrund: »Gelitten unter Pontius Pilatus«. Was das an Qual, Entehrung und Vereinsamung besagt, verdeutlicht der Zusatz: »gekreuzigt, gestorben und begraben«. Es war die schmach- und qualvollste Todesart der antiken Strafjustiz, die der unschuldig Verurteilte auf sich nehmen mußte. Dabei sagt das Apostolikum, wieder im Unterschied zu dem »etiam pro nobis« des Credo, noch nicht einmal, wofür er diesen Tod erleiden mußte. Ist dieses Schweigen ein Echo auf das Schweigen, mit dem der Gekreuzigte nach dem ältesten Passionsbericht die Tortur über sich ergehen ließ? Oder wirken darin die Bestürzung und Ratlosigkeit nach, in die der Kreuzestod Jesu seine Anhänger versetzte?

Wenn das zutrifft, gehört dieses Schweigen zu den aktuellsten Elementen des Apostolikums. Denn die Gegenwartstheologie steht im Begriff, zusammen mit dem Schweigen des Gekreuzigten auch das der Urgemeinde wiederzuentdecken und in diesem Schweigen das bedrängende »Warum«, vor das sich beide gestellt sahen. Sie erkannte, daß diese Frage die ganze Folge der Interpretationen in Gang setzte, die sie zu beantworten suchten. Doch begreift sie überdies, daß sowohl die mittelalterliche Satisfaktionstheorie als auch die reformatorische Rechtfertigungslehre und damit die beiden »klassischen« Antworten lediglich als nachträgliche Deutungsversuche gelten können, auch wenn sie sich ansatzweise schon in einzelnen Herrenworten finden. Insofern sucht die heutige Theologie sich im Rückgang durch die Interpretationsgeschichte zum Todesverständnis Jesu vorzutasten.

Dort aber zeigt sich ihr, daß Jesus sein Sterben mit keinem Zweck verband, auch nicht mit dem einer Sühneleistung. Denn im Unterschied zu seinen Interpreten wußte er, daß der menschliche Tod seine Würde verliert, wenn er einem Zweck, sei es der Sühne oder der Abschreckung, unterworfen wird. Auch ging er nicht in der Absicht, die Welt mit Gott zu versöhnen, in den Tod, weil der Gott, den er entdeckt hatte, als der »Vater des Erbarmens und Gott allen Trostes« (2 Kor 1,3) auf keiner Genugtuung bestand. Wenn Jesus in den Abendmahlsworten seinen Tod dennoch als ein Sterben »für uns« bezeichnete, dann in dem Sinn, wie er »für uns« lebte und wie sein Wirken in einer fortwährenden Selbstübereignung bestand. Somit starb er im höchsten Sinn des Ausdrucks »umsonst«. Mit seinem Tod zog er, wie schon Nietzsche in der Hellsichtigkeit seines Hasses erkannte, die äußerste Konsequenz aus einem sich in Erweisen der Hingabe und Liebe verzehrenden Leben. Sein Tod war die Krönung eines von seinem »Prinzip« her hingegebenen Lebens, der äußerste Beweis einer »gelebten« Liebe – einer Liebe, die zu allem, was sie gab, auch noch den »Widerspruch der Sünder« auf sich nahm (Hebr 12,3) und deshalb, so sehr sie reiner Selbstzweck blieb, den ganzen Abgrund menschlicher Bosheit und Schuld ausschöpfte.

Mit dem »gelitten« setzt das Apostolikum zugleich einen deutlichen Kontrapunkt zur bisherigen Lebensgeschichte Jesu, die wie keine andere im Zeichen des selbstverzehrenden Einsatzes für die Sache Gottes und seines Reiches stand. Was als ein Leben höchster Anspannung und Verausgabung begann, endet in einem Zustand extremer Passivität, in dem das Gesetz des Handelns ganz an seine Gegner und Richter übergegangen zu sein scheint. Er selbst aber zieht als Leidender die Summe aus seinem Leben rastloser Aktivität. Denn er mußte, einer dunklen, aber eindeutigen Stelle des Hebräerbriefs zufolge, »obwohl er der Sohn war, durch Leiden Gehorsam lernen« (5,8), und das besagt im Sinn der alten Weisheit, daß Gott mehr noch durch Leiden als durch Forschen erkannt wird: Er erlitt in seiner Passion die letzte Klärung seines Gottesverhältnisses, so daß er als der lebenslange »Hörer« der Selbstzusage Gottes an seinem Kreuz zum Inbegriff dessen wurde, was er jetzt in letzter Steigerung vernahm: das Wort Gottes.

### Gekreuzigt

Wie mit drei Hammerschlägen besiegeln die Worte »gekreuzigt, gestorben und begraben« das Ende dessen, der durch sein Kommen und seine wort- und tathafte Verkündigung des Gottesreiches mit der Welt einen neuen Anfang machen wollte. Und doch sind es die Hammerschläge, die zugleich die Tür zu dem Niedagewesenen aufbrechen, von dem in der Folge die Rede ist. Mit dem »gekreuzigt« erinnert das Apostolikum zunächst an die furchtbare, nur Sklaven und Hoheitsverbrechern zubestimmte Todesart, zu der Jesus durch den Spruch des Prokurators verurteilt wird. Sie galt den antiken Historikern, die sie erwähnen, als die zugleich grausamste und entehrendste. Mit ihr erlitt der Delinquent auch eine soziale Ächtung, die sein Andenken aus dem Gedächtnis der Menschheit tilgen sollte. Er war mit allem, was er an Absichten hegte und an Überzeugungen vertrat, auf die denkbar radikalste Weise gescheitert. Für das jüdische Denken war ein Gekreuzigter (nach Dtn 21,23) zudem von Gott verflucht und verworfen. Daß das auch auf Jesus zuzutreffen schien, bestätigt Paulus (Gal 3,13) in aller Form. Durch diesen fluchwürdigen Tod brach, wie es Gegnern und Anhängern erscheinen mußte, sein Lebenswerk endgültig in sich zusammen. Gott selbst schien ihn aufgegeben und fallengelassen zu haben.

## Gestorben

Während das »gekreuzigt« den Abgrund der Qualen ausmißt, die der Sterbende durchleidet, betont das »gestorben« die immer wieder – und aus den unterschiedlichsten Gründen – angezweifelte Tatsächlichkeit seines Todes. Unausrottbar hält sich, gerade auch in der kritischen Jesus-Literatur, die allen historischen Berichten hohnsprechende Fabel, daß Jesus, nur scheintot vom Kreuz abgenommen, die Tortur überstanden und sich, notdürftig wiederhergestellt, den Jüngern flüchtig gezeigt habe, um sich dann in Indien eine bessere Zukunft zu suchen. Nur blinder Haß kann sich zu einer derartigen Mißachtung der Zeugnisse, auch der jüdischen (Josephus Flavius) und heidnischen (Tacitus) versteigen, die unterschiedslos den Kreuzestod als die bestgesicherte Tatsache der Lebensgeschichte Jesu erweisen. Doch die Tendenz spricht für sich: Wer den Tod Jesu bestreitet, entzieht der Auferstehung den Boden. Soviel an ihm liegt, bricht er damit das Herzstück aus dem Christusglauben heraus.

Umgekehrt schafft die Bezeugung des Kreuzestodes Jesu die Voraussetzung für die das ganze Christentum tragende Gottestat. Nicht umsonst laufen die Evangelien auf dieses Ereignis zu; sie sind nach MARTIN KÄHLER »Passionsgeschichten mit einer großen Einleitung«. Doch sind sie zugleich von der Überzeugung eingegeben, daß in der von ihnen erzählten Lebensgeschichte erstmals nicht der Tod, sondern das Leben das letzte Wort behielt. Das aber läßt sich nur unter der Voraussetzung glaubhaft machen, daß Jesus die Passion tatsächlich bis zum bitteren Ende durchlitt, wie es die drei Hammerschläge mit höchster Eindringlichkeit betonen.

**Begraben**

In der Glaubensdiskussion der Gegenwart trat das »leere Grab« wiederholt in den Brennpunkt des Interesses. Dabei wurde in den »mit Haß« verfaßten Jesusbüchern (SCHWEITZER) die alte und längst widerlegte Betrugshypothese in modischer Abwandlung aufgegriffen, während die seriöse Forschung darauf hinwies, daß die biblischen Grabesgeschichten weder für einen Zusammenhang mit dem Tod noch mit der Auferstehung Jesu in Anspruch genommen werden dürfen, auch nicht in der abgeschwächten Form, daß das leere Grab als zeichenhaft-symbolischer Hinweis auf die Auferstehung Jesu gedeutet werden könne. Denn das »begraben« sei von Paulus, der es (1 Kor 15,4) als erster erwähnt, nicht als Verstärkung des »gestorben« gemeint; und das leere Grab der Ostergeschichte werde nie als Beweis für die Auferstehung eingesetzt. Doch was besagt es dann?

Zweifellos den »Schnitt«, der die mit dem Kreuzestod endende Lebensgeschichte Jesu von seinem mit der Auferstehung beginnenden »Fortleben« trennt. Zwar ist es nach dem einhelligen Zeugnis der Osterberichte derselbe, der am Kreuz starb und der den Zeugen seiner Auferstehung als Lebender vor Augen trat. Nicht umsonst trägt er als der Auferstandene die Wundmale seiner Passion. Dennoch darf der Lebende nicht bei den Toten gesucht werden (Lk 24,5). Denn er lebt in einer neuen, geistgewirkten Seinsweise, die sich von der innerweltlichen unterscheidet wie das nackte Samenkorn von der ausgereiften Pflanze oder wie das Sonnenlicht vom Sternenglanz (1 Kor 15,37–41). Deshalb greift die Frage nach dem Verhältnis des Begrabenen zum Auferstandenen letztlich ins Leere; bezeugt ist lediglich ihre »evidente« Identität.

Doch im selben Maß, wie sich das »begraben« dieser Frage verweigert, blickt es zum folgenden Artikel von der Höllenfahrt Christi hinüber. Dort ist vom Eintritt des »Begrabenen« in eine von der diesseitigen radikal verschiedenen Daseinssphäre die Rede. Ihr wendet sich der am Kreuz Gestorbene durch sein »Begrabenwerden« zu. Dahin deutet auch die sakramentale Verwendung des Ausdrucks durch Paulus. Im Römerbrief spricht er im Blick auf den Taufvollzug von dem »Mitbegrabenwerden« mit Christus als dem Anfang der mystischen Lebensgemeinschaft mit ihm (6,3f.). Dabei ist rückbezüglich auf sein Osterverständnis zu schließen; denn er betont, daß das Mitgekreuzigt- und Begrabenwerden die Vernichtung des sündigen Leibes bedeute und daß es damit die Voraussetzung für den Eintritt in die verklärte Existenzweise des Auferstandenen schaffe (6,5f.). Was auf den Tod Jesu folgt, gehört, auch für die ihm mystisch

Nachfolgenden, einer neuen, transempirischen Ordnung an, so daß die Frage nach dem »Gewesensein« gegenstandslos wird.

## *Abgestiegen zu der Hölle*

Doch das Bekenntnis bleibt bei der »gehämmerten« Feststellung des Todes Jesu nicht stehen. Im Unterschied zum liturgischen Credo fügt es dem vielmehr eine Aussage hinzu, die, so sehr sie auf der Linie des antiken Weltbildes lag, alle Dimensionen des heute Vorstellbaren sprengt und die auch dadurch nicht verständlicher wird, daß das traditionelle »abgestiegen zu der Hölle« in der Neufassung durch »hinabgestiegen in das Reich des Todes« ersetzt wurde. Zutreffend bemerkt JOSEPH RATZINGER, daß wohl kein Glaubensartikel unserem heutigen Bewußtsein so fern liege wie dieser. Angesichts seiner spärlichen Bezeugung in den neutestamentlichen Texten lege es sich deshalb nur zu leicht nahe, diese »seltsame und in unser Denken schwer einzuordnende Sache« preiszugeben, womöglich unter Berufung auf das liturgische Credo, das diesen Artikel übergeht. Aber, so fragt Ratzinger, »ist damit wirklich etwas gewonnen? Oder ist man vielleicht nur der Schwere und dem Dunkel des Wirklichen aus dem Weg gegangen?« Anstatt das Problem zu umgehen, müsse man sich ihm gerade im Interesse der intellektuellen Redlichkeit stellen. Freilich: wie das bei ihm geschieht, läßt dann doch auf einen eigentümlichen Sog schließen, der von diesem Artikel ausgeht und das interpretierende Denken in eine Richtung drängt, wie sie bei den vorangehenden Artikeln kaum einmal eingeschlagen wurde. Etwas Ähnliches scheint der Lyriker ROLF HAUFS empfunden zu haben, wenn er seinen »Bericht« in die Worte faßt:

*Niedergefahren und auferstanden*
*Was gibt es zu berichten außer*
*Daß wir nicht erreichbar waren*
*Für die alltäglichen Dinge...*

**Die Entfremdung**

In diesem Dichterwort ist nicht etwa von der Befremdlichkeit des Artikels die Rede, sondern umgekehrt von der Entfremdung, die dieser zwischen seinem Sprecher und dessen Alltagswelt stiftet. Unter seinem Eindruck ist er für die alltäglichen Dinge nicht mehr erreichbar. Einen solchen Sog empfand auch RATZINGER, der sich in seiner Auslegung deswegen auf die Verdrängung Gottes in der modernen Lebenswelt – bis zu dessen »Toterklärung« durch Nietzsche – bezog. Im Zug der Neuinterpretation muß diese Spur nur noch entschiedener verfolgt werden.

Wenn das gelingen soll, muß das »abgestiegen« mit dem vom Apostolikum nicht erwähnten, aber vom liturgischen Credo hervorgehobenen Gegenmotiv, dem »Descendit de coelis«, verglichen und in seiner Aussagetendenz deutlich gemacht werden. Denn bei dem Vergleichsartikel geht es keineswegs um einen bloßen Ortswechsel, sondern um die Vertauschung des »göttlichen Bereiches« mit dem menschlichen, paulinisch ausgedrückt, um die Unterwerfung des Gottessohnes unter die Bedingungen einer endlichen Existenz in Raum und

Zeit. Eben diese Sphäre wird in dem »abgestiegen« verlassen, deutlicher gesagt, unterschritten. Das kommt einerseits einem Verlust an konkreter Präsenz gleich, der so noch nicht einmal mit dem »begraben« gegeben war, andererseits aber auch mit einem Gewinn an Freiheit, der bei dem besonders ins Gewicht fällt, der sich in seinem Heilswirken räumlichen – »ich bin nur zu den verlorenen Schafen Israels gesandt« (Mt 15,24) – und zeitlichen Einschränkungen – »meine Stunde ist noch nicht gekommen« (Joh 2,4) – unterworfen wußte.

### Die Anastasis

Das unterstreicht die künstlerische Darstellung des Artikels, die sich – wie schon beim Mysterium der Jungfrauengeburt – auch in diesem Fall als Interpretationsinstanz erster Ordnung erweist. Hier geht die Kunst der Ost- und Westkirche freilich getrennte Wege. Während diese den Artikel nur als Vorspiel zum Osterbekenntnis auffaßt, wurde er im gesamten byzantinischen Bereich zur obligatorischen Darstellung der »Anastasis«. Dort dringt der Auferstandene nach der hochdramatischen Schilderung des apokryphen Nikodemusevangeliums – überwältigend dargestellt im Apsisfresko der Begräbniskapelle des Chora-Klosters von Konstantinopel – über die von ihm aufgestoßene Hadespforte in die Unterwelt ein, um mit machtvoller Gebärde die dort Gefangengehaltenen, an ihrer Spitze die Stammeltern Adam und Eva, der Gewalt des Totenreiches zu entreißen und in die Freiheit seiner Auferstehung zu führen.

In mythischer Bildsprache macht diese Darstellung deutlich, daß der Artikel nicht einfach – nach Art einer jenseitigen »Fortführung« – auf der durch die bisherigen markierten Linie liegt, sondern auf eine schwer bestimmbare Weise quer dazu steht. Der damit bezeichnete Bruch erinnert an den »Schnitt«, der die Ostergeschichten der Evangelien von deren in Tod und Begräbnis abbrechenden »Vorgeschichte« trennt und darauf hinweist, daß alles Folgende anderen Gesetzen sowohl der Realitätsbestimmung als auch der Erzählweise unterliegt. Mehr noch: indem das Bekenntnis von Jesu Abstieg »zur Hölle« spricht und diese zugleich mit dem Bereich der Abgeschiedenen gleichsetzt, führt es in die Dimension einer religiösen Esoterik, verstanden als die Dimension des Nichtmehr und Noch-nicht, dorthin also, wo sich die konkreten Gegebenheiten anbahnen und worin sie vergehen, bildlich gesprochen: zu den Wurzeln der Fakten, Erscheinungen und Vorgänge. Das aber ist, von der Auswirkung der Heilstat Jesu her gesehen, die Umschlagstelle von seiner Lebensgeschichte zu seiner Wirkungsgeschichte.

## Die Strukturen

Insofern könnte man die Höllenfahrt Christi auch mit dem Satz wiedergeben, daß er in die Strukturen der konkreten Gegebenheiten eingegangen sei, daß also, mit dem Bild des Johannesevangeliums gesprochen, das in die Erde gefallene Weizenkorn Frucht zu tragen beginnt und zu neuem, umfassenden Leben erwacht (Joh 12,24). So gesehen kommt dem Artikel eine entscheidende Bedeutung für das Verständnis der Welt- und Heilsgeschichte zu. Denn in dieser Sicht bezeichnet er die Wende, an der das im Kreuzestod verlöschende Leben Jesu aufs neue »auflebt«, um sich in sein mystisches Fortleben im Herzen der Seinen und in sein Fortwirken in den Strukturen des Daseins umzusetzen.

Wie kaum einmal sonst zeigt sich hier, wodurch sich Jesus von den vergleichbaren Gestalten der Religions- und Geistesgeschichte unterscheidet. Fürs erste durch einen »Mehrwert«, der nur ihm zukommt. Wie den Philosophen geht es auch ihm um Wahrheit; doch er allein kann sagen: »Ich bin die Wahrheit« (Joh 14,6). Ebenso wie den Moralisten ist es auch ihm um eine Hebung der sittlichen Lebenskultur zu tun; doch nur er kann von sich sagen: »Ich bin der Weg« (ebd.). Und wie nur je ein Sozialkritiker strebt er einen radikalen Wandel der mitmenschlichen Verhältnisse an; doch nur von ihm konnte gesagt werden, er sei die »autobasileia«, das Gottesreich in Person (ORIGENES). Grund und Rechtfertigung dessen aber ist die Erkenntnis, daß er im Unterschied zu allen anderen in und mit seinen Gaben sich selber gab. In solcher Selbstübereignung besteht der Mehrwert, der seine Gewährungen auszeichnet.

Der zweite Unterschied betrifft sein Fortleben. Auch in seinem Fall wurden die Erinnerungen an seine Worte und Taten gesammelt und aufgezeichnet; und seiner gedachte die Glaubensgemeinschaft in kultischer Feier. Doch galt dieses »Gedächtnis seines Leidens« nicht einem Abgeschiedenen, sondern dem mystisch Anwesenden. Auch in diesem Sinn gilt das Kierkegaard-Wort, daß in seinem Fall die Person die Wirkungsgeschichte überragt und von dieser bis ans Ende der Zeiten nie voll eingeholt wird. Denn er unterscheidet sich von den übrigen auch dadurch, daß er nicht so sehr in der Erinnerung an ihn als vielmehr in dem von seiner Gegenwart erfüllten Lebensvollzug weiterlebt.

## Das Fortleben

Daß davon Einflüsse auf die Welt- und Geistesgeschichte ausgehen, leuchtet freilich nur mit Hilfe eines patristischen Gedankens ein. Danach darf der Umschlag vom individual- zum universalgeschichtlichen Leben Jesu nicht einfach als Fortsetzung des einen in das andere aufgefaßt werden. Vielmehr nimmt er dieser in erster Linie von GREGOR VON NYSSA entwickelten Vorstellung zufolge jetzt, mit dem Eintritt in die Universalität, seine Lebensgeschichte aufs neue auf. Er schreibt sich dem Weltgeschehen als mystisches Formgesetz ein und verhilft ihm dadurch zur Überwindung seiner Zwangsläufigkeit. So stiftet er in ihm das, was ohne ihn in dieser Form nie zustande gekommen wäre: Freiheit und Frieden. Schöner hätte das nicht ausgedrückt werden können als in dem ostkirchlichen Bild von dem Sieger über die Todesgewalten, der die von ihnen Niedergehaltenen mit machtvoller Gebärde zu sich emporreißt und mit einem neuen Leben in der Freiheit und im Frieden Gottes beschenkt.

Wenn sich der abendländische Geschichtsgang trotz aller Rückfälle in die Unmenschlichkeit und Barbarei mit HEGEL als eine fortschreitende Freiheitsgeschichte beschreiben läßt, erklärt sich das aus christlicher Sicht daraus, daß sich der rettende Befreier in sie »eingemischt« hat und sie seither immer neu in seine Freiheit ruft. Das aber konnte er, weil sich in ihm selbst die Freiheit in jenem höchsten Sinn ereignete, die das Bekenntnis zu seiner Auferstehung anspricht. Es ist somit nicht genug, in Jesus nur eine Gestalt der Religionsgeschichte zu sehen. Er ist nicht weniger auch eine

Schlüsselgestalt der menschlichen Geistes- und Freiheitsgeschichte. Ihm ist es zu verdanken, daß die Freiheit, mit Hegel gesprochen, nicht das Privileg eines einzelnen, des Tyrannen, oder einer privilegierten Oberschicht, der Polisbürger, blieb, sondern zum Gemeingut aller wurde, die Menschenantlitz tragen. Und wenn man die vom Glaubensbekenntnis übergangenen Aktivitäten hinzunimmt, wird man Gleiches auch von seinem Beitrag zur menschlichen Bewußtseins- und Sprachgeschichte zu sagen haben. Daß wir um die Unvertretbarkeit unserer Personwürde wissen und daß uns die Zunge dafür gelöst wurde, uns mit unseren subjektiven Empfindungen auszusprechen, ist sein Geschenk an die von ihm geprägte Kultur.

Gleiches gilt auch von der Gabe, mit der er sich vor allen anderen identifiziert: von seinem Frieden. Ihn gibt er, wie ihn die Welt nicht zu geben vermag (Joh 14,27), weil der Friede nicht nur seine Sache, sondern weil er selbst in einem höchsten Sinn die von ihm erfüllte Sache des Friedens ist. Damit gewinnt der Friede eine sonst ungeahnte Positivität. Er ist mehr als die »Meeresstille der Seele«, mehr als die von AUGUSTIN beschworene »Ordnungsruhe«, mehr sogar als der irdische Vorgeschmack ewiger Beseligung und Geborgenheit. Denn so, wie er ihn gibt, ist er nach dem Schlüsselwort des Philipperbriefes Geborgenheit in seiner schirmenden Obhut und damit das Kriterium jener beseligenden Umpolung, durch die er das Leben unseres Lebens und die Erfüllung unserer Sehnsucht wird (Phil 4,7). Die Freiheit, zu der er die in der Unterwelt Gefangengehaltenen emporführt, ist erst dann voll begriffen, wenn sie mit diesem Frieden zusammengedacht wird.

Dafür öffnet die konsequente Deutung des scheinbar so unverständlich gewordenen Artikels von seiner Höllenfahrt den Blick.

## *Auferstanden von den Toten*

Mit diesem Bekenntnis greift der Glaube auf seinen ureigenen Grund zurück. Mit ihm hält er Einkehr bei sich selbst. Denn der Christenglaube ist von seinem Ursprung her Auferstehungsglaube, entsprungen aus der Tatsache, daß das universale Gesetz des Sterbenmüssens und Gestorbenbleibens einmal – und dadurch ein für allemal – durchbrochen wurde: »Wenn du mit deinem Mund Jesus als den Herrn bekennst«, sagt Paulus auf einem Höhepunkt des Römerbriefes, »und in deinem Herzen glaubst, daß Gott ihn von den Toten erweckt hat, erlangst du das Heil; denn mit dem Herzen glaubt man zur Gerechtigkeit, und mit dem Mund bekennt man zum Heil« (10,9).

### Das Herzstück

Nie dürfte der Glaube daher seiner Sache sicherer sein als hier, wo er sich auf seine Herkunft zurückbesinnt und bei sich selber Einkehr hält. Nie dürfte er sich durchsichtiger sein als hier, wo er sich im Bekenntnis zur Auferstehung Jesu auf seinen Grund bezieht und damit sich selber aussagt. Von keinem Artikel dürfte dann auch ein stärkerer Anstoß zur Glaubenserweckung und Glaubensgewißheit ausgehen als von diesem. Gerade das ist bekanntlich nicht der Fall. Nach statistischen Erhebungen steht vielmehr ein Drittel der Angehörigen beider Konfessionen im Begriff, den christlichen Auferstehungsglauben und damit das Herzstück ihres Glaubens gegen die asiatische Reinkarnationsvorstellung auszutauschen. Dieser alarmierende Tatbestand ist höchst unterschiedlich verursacht. Einmal durch die Ich-Schwäche des heutigen Menschen, der sein Leben nurmehr als ein in fortwährenden Wiederholungen ablaufendes Rollenspiel und nicht mehr geadelt durch das Prädikat der Einmaligkeit und Unvertretbarkeit begreift. Insbesondere aber dadurch, daß er die Auferstehung von außen, als ein hinzunehmendes Faktum, nicht aber von innen, als ein ihn mitnehmendes Ereignis, betrachtet. Wenn aber je einmal, so gilt hier, daß der Schrein der Vergegenständlichung geöffnet und der in ihm verborgene Inhalt erschlossen und angeeignet werden muß. Doch wo findet sich der dafür benötigte Schlüssel?

Einen ersten Hinweis gibt schon die Beobachtung, daß zwischen der in den vorangehenden Artikeln aufgeführten Lebensgeschichte Jesu und seinen Erscheinungen als Auferstandener ein scharfer Schnitt besteht, der die vorher geltenden Gesetze des Seins und Erzählens von den nunmehr wirksamen abgrenzt. Denn jetzt sind nicht nur Raum und Zeit aufgehoben, so daß der Auferstandene gleichzeitig hier und dort begegnen kann; jetzt ist er auch – bis auf den Anruf an Maria von Magdala (Joh 20,16) – so sehr mit seiner Deutung verwoben, daß seine Äußerungen ununterscheidbar in die urkirchliche Argumentation und insbesondere in die Lehre von ihm übergehen. Der gesuchte Schlüssel ist damit freilich noch nicht gefunden.

## Der Pförtner

Anstelle des Schlüssels bietet sich ein Pförtner an, der zur Lösung der Aufgabe ungleich besser geeignet ist: Paulus. Denn er gehört seinem ausdrücklichen Selbstzeugnis zufolge trotz seiner »Verspätung« mit zur Reihe derer, die den Glauben durch den Protokollsatz »Ich habe den Herrn gesehen« tragen, die also Zeugen der Erscheinung des Auferstandenen waren und dadurch zu führenden Autoritäten der Urgemeinde wurden. Doch unterscheidet sich Paulus von ihnen zugleich dadurch, daß er als einziger über sein Ostererlebnis Auskunft gibt, daß er also Einblick in dessen Auswirkung auf ihn gewährt, so daß er – und nur er – als der »antwortende Osterzeuge« zu gelten hat. Freilich geht er auf Fragen der biographischen Indiskretion nicht ein, um so bereitwilliger jedoch auf diejenigen, die ihm der nach Glaubenserfahrung Verlangende stellt. Daß dies gerade die Fragen des heutigen, um neue Vergewisserung ringenden Christen sind, beweist die brennende Aktualität des paulinischen Zeugnisses. Genauer besehen antwortet der Apostel dem Fragesteller sogar dreifach. In der Stunde seiner Heimsuchung durch den Auferstandenen, also in seiner Damaskus-Stunde, so seine erste Antwort, habe ihm Gott das Geheimnis seines Sohnes mitgeteilt, und so sei er zum Empfänger der abschließenden Gottesoffenbarung geworden (Gal 1,15f.). Damals habe sich ihm, so die zweite, das abgründige Gottesgeheimnis im Antlitz des Auferstandenen enthüllt (2Kor 4,6), und er habe sich in diesem Spiegel sehen gelernt (3,18). In solcher Wahrnehmung, so die dritte, habe er aber nicht nur die definitive Deutung seines Lebenssinns gefunden, vielmehr sei er von der göttlichen Mitteilung derart »ergriffen« worden, daß ihm sein Leben fortan in dem Wunsch bestehe, das immer tiefer zu begreifen, wovon er ergriffen worden sei (Phil 3,12).

### Das Selbstzeugnis

Auferstehung als Anrede, als Ideal und als Machterweis – so könnte man die drei Antworten vereinfachend bestimmen. Doch damit ist erst ein Anfang gemacht. Denn es sind die Antworten eines einzigen, wenn auch besonders beredten Zeugen. Wer seine Auskünfte aber voll gewichtet, wird erkennen, daß das Ereignis der Auferstehung nicht nur bezeugt sein will, sondern für sich selbst einsteht, weil das »Wort«, das Gott in ihm an die Welt richtet, nicht nur gesprochenes, sondern sprechendes Wort, weil es als Wort zugleich »beredt« ist. Wenn es sich aber so verhält: Was hat es uns dann zu sagen?

Vor allem, daß es nicht nur hingenommen, festgehalten, sondern als Anrede und Anruf angenommen sein will. Denn das in und mit der Auferstehung Jesu »gesprochene« Wort kommt aus den Tiefen der – am Kreuz erlittenen und erschlossenen – Gottheit. In ihm teilt Gott sein Innerstes mit, so daß sich die ganze Erschließungskraft des angerufenen Menschen auf die Verständigung mit ihm sammeln muß. Wenn er sich dazu bereitfindet, spricht es am vernehmlichsten davon, daß sich der Gott, der die todverfallene Welt ins Dasein rief, mit seinem ganzen Liebeswillen dem Gesetz der Todverfallenheit widersetzt und diesem Willen mit der Auferstehung seines Sohnes zum Durchbruch verhalf. Aus seiner Mitte heraus spricht das Ostergeheimnis somit von unserer Hoffnung. Denn in und mit ihm hat Gott in einer Weise Hand an die Weltgesetze gelegt, daß der Bann der Vergänglichkeit und des Todes grundsätzlich gebrochen und allen die endzeitliche Auferweckung zugesichert ist. Für alle gilt somit das Wort der Apostelgeschichte: »Gott aber hat die Wehen des Todes gelöst und ihn auferweckt; denn unmöglich konnte der Tod ihn festhalten« (2,24). Ostern, so wird hier klar, bezeichnet nicht ein in ferner Vergangenheit liegendes Faktum, sondern – ungeachtet seiner Faktizität – ein sich mitteilendes, mitreißendes Ereignis, die entscheidende Wende im Weltgeschehen. Um so dringender stellt sich dann die Frage: Wie werden wir seiner gewiß? Worin besteht der Grund, auf dem der Auferstehungsglaube beruht?

## Der Grund

Um zunächst negativ zu antworten: nicht in einer exakten Dokumentation, weil der Vorgang der Auferstehung, abgesehen von apokryphen Phantasiegeschichten, nirgendwo registriert oder gar beschrieben wird. Bevor man angesichts dieser Tatsache resigniert, sollte man sich das unterschiedliche Zustandekommen von menschlichen Überzeugungen vor Augen halten. Während sich wissenschaftliche Überzeugungen auf feststellbare und nachprüfbare Fakten begründen, stützen sich weltanschaulich-religiöse durchweg auf das Zeugnis großer Stifterpersönlichkeiten, die sich ihrerseits wie Mose auf ein Offenbarungserlebnis, wie Buddha auf eine Erleuchtung oder wie Mohammed auf ein überirdisches Diktat berufen. Sie haben im Unterschied zu ihnen keinen sachlichen, sondern einen lebendigen Grund, der jene um die Ordnung des Lebendigen überbietet, auch wenn sein Gewißheitsgrad von der Glaubwürdigkeit des jeweiligen Zeugen abhängt.

Im Fall des Auferstandenen ist nur eine mittelbare Bezeugung möglich. Zwar ist er »der getreue« und als solcher absolut glaubwürdige Zeuge (Offb 1,5). Um die Wahrheit von seiner Auferstehung wissen wir dagegen nur von denen, die einer Erscheinung gewürdigt worden waren und mit dem Protokollsatz »ich habe den Herrn gesehen« dafür einstehen. Zwar haben sie durch dieses Bekenntnis die Sache Jesu, die durch dessen Kreuzestod verloren zu sein schien, definitiv gesichert und damit die größte Bewegung der Weltgeschichte ausgelöst, die ihren Erklärungsgrund allein im Gegenstand ihres Zeugnisses hat: in der Auferstehung Jesu. Dennoch hat eine solche Vergewisserung den Nachteil, daß sie an das Ereignis nur von außen heranführt und zudem, wie LESSING scharfsinnig erkannte, nur eine historische Gewißheit von dem vermittelt, was das Gebäude des ewigen Heiles zu tragen hat und deshalb einen absoluten Gewißheitsgrad verlangt. Um so wichtiger wäre es deshalb, wenn sich eine Innensicht gewinnen ließe, wie das den visionären Erlebnissen des Mose, Buddha, Mohammed und, naheliegender noch, dem sprachlichen Gewißheitserlebnis entspricht.

Was diese worthaft vermittelte Gewißheit anlangt, so liegen dafür zwar die Prämissen vor, nachdem durch EBNER, ROSENZWEIG und BUBER das dialogische Prinzip zur Geltung gebracht und dadurch die Gegenposition zur kartesianischen aufgebaut wurde, doch fehlt noch immer die dem »cogito ergo sum« entsprechende

Folgerung, obwohl sie sich geradezu aufdrängt. Denn im dialogischen Spracherlebnis ist ein Dreifaches gewiß: das Faktum des Redens und damit der für die Gesprächspartner relevante Komplex der Weltwirklichkeit; die Existenz des Partners, weil mit einem Phantom nicht gesprochen werden kann, und ebenso die eigene Existenz des Sprechers, weil mit deren Bezweiflung seine Redefähigkeit zusammenbräche. Warum sollte das nicht auch für den vom göttlichen Offenbarer aufgenommenen Dialog zutreffen?

## Die Innensicht

Auch darauf geht Paulus ein, der sich so aufs neue als der »antwortende Osterzeuge« erweist. Denn er erblickt in seiner Damaskus-Vision nicht nur den Lebenden, sondern den, der ihn (nach Gal 2,20) geliebt und sich ihm hingegeben hat. Er sieht somit die Auferstehung tatsächlich »von innen«. Für ihn ist der Gekreuzigte zwar, wie er mit allem Nachdruck betont, durch Gottes Macht zu neuem Leben erwacht; doch führt er als Auferstandener dieses neue Leben nicht nur in der Abgeschiedenheit seiner Verherrlichung, sondern zugleich in ihm (WIKENHAUSER). Wenn es sich aber so verhält, spitzt sich alles auf die Frage zu, wie die von Paulus erlebte Innensicht für andere zugänglich wird.

Die vom Apostel darauf gegebene Antwort ist verblüffend einfach und einleuchtend: durch den Glauben! Paulus beansprucht in dieser Frage keine Vermittlerrolle. Vielmehr lädt er nur dazu ein, mit ihm zusammen dieselbe Bahn zu betreten. Denn für ihn besteht zwischen den Osterzeugen und den Glaubenden in sachlicher Hinsicht kein Unterschied. Sie unterscheiden sich lediglich durch die Art des Zugangs, da jene unmittelbar empfingen, was diesen nur mittelbar, durch das Wort der Zeugen und dessen Weitergabe in der Predigt, gegeben ist. Wer sich aber erst einmal zum Glauben bewegen ließ, erfährt dasselbe wie jene. Denn wer »mit dem Herzen glaubt«, daß Gott den Gekreuzigten von den Toten erweckt hat, »erlangt das Heil« (Röm 10,9). Auch ihm ist, grundsätzlich und der Sache nach, das Geheimnis des Gottessohnes ins Herz gesprochen: als die sich mitteilende Lehre, als der zum Glauben rufende Gegenstand des Glaubens, als das zu ihm redende Wort. Glaube ist Auferstehungsglaube, der seiner im selben Maß, wie er Gestalt gewinnt, vergewissert wird.

Kaum braucht noch betont zu werden, wie sehr dies der im Gespräch erfahrenen Vergewisserung entspricht: der Gewißheit über das Faktum des Gesprächs und über die Existenz der Dialogpartner. Nur verschmilzt im Fall des Auferstehungsglaubens das Faktum, daß wir in dialogischer Weise glauben, zunehmend mit dem, woran wir glauben, so daß die Auferstehung Jesu, auf der die ganze Wirklichkeit des Christentums beruht, zugleich als der tragende Grund des Glaubens erfahren wird. Von ihm gilt das Paulus-Wort, daß »kein anderer Grund gelegt werden kann als der, der bereits gelegt ist: Christus« (1 Kor 3,11). Glaubend beziehen wir uns zurück auf diesen Grund, der im selben Maß, wie dies geschieht, seine unverbrüchliche Festigkeit und Tragkraft erweist.

In BEETHOVENS Missa solemnis entspricht der Abstiegsbewegung des »descendit de coelis« geradezu spiegelbildlich das machtvolle Aufsteigen des »et ascendit in coelis«: ein Bild, das noch eine ganze Dimension hinzugewinnt, wenn man das »abgestiegen zu der Hölle« in die Abstiegsbewegung einbezieht.

**Die Sinnfigur**

Damit zeichnet das Glaubensbekenntnis eine Bewegungsfigur nach, die wie ihre ständige Wiederkehr in den Psalmen (16; 18; 22; 30; 41; 55; 69; 91; 113; 130) zeigt, zutiefst der Gebets- und Selbsterfahrung des religiösen Menschen entspricht. Es ist die – auch der Petrus-Szene (Mt 14,29 ff.) zugrunde liegende – Figur des zunächst abstürzenden, dann aber durch die göttliche Retterhand dem Abgrund entrissenen und über die feindlichen Mächte »erhöhten« Beters. Insofern eignet dem Zusammenhang von Abstieg und Aufstieg eine spontan erfahrene Plausibilität. Unwillkürlich entdeckt der Sprecher dieser Sätze in ihnen die Sinnfigur seines eigenen Daseins.

Indessen spiegelt sich in einer solchen Bewegungsfigur ein weiteres, für die Ausgestaltung des Bekenntnisses wichtiges Modell: Gestalt und Weg der göttlichen Weisheit. Ihre »Laufbahn« beginnt in den Himmelshöhen, wo sie als »Throngenossin Gottes« das vollkommene »Abbild seiner Güte« und der »makellose Spiegel« seines Wirkens ist (Weish 7,25 ff.). Nachdem sie schon bei seinem Schöpfungswerk vor ihm »auf dem Erdenrund spielte«, sucht sie in der Zeit »einen Ruheplatz« unter den Menschen, den ihr Gott in seinem »Erbteil« Israel zuweist. Hier lädt sie die Unwissenden und Unmündigen zu ihrem Mahl ein, um sie zu belehren und »zu Gottes Freunden und Propheten« heranzubilden. Doch findet sie »keine Wohnung«, sondern stößt sogar auf feindselige Ablehnung. Deshalb kehrt sie an ihren Ursprungsort zurück, um dort »ihren Sitz unter den Engeln« einzunehmen.

Es bedarf keines Beweises dafür, daß sich die Evangelisten bei der Rekonstruktion der Lebensgeschichte Jesu an diesem Modell orientierten. Wie die Weisheit ruft Jesus deshalb die »Erniedrigten und Beleidigten« zu sich:

*Her zu mir, ihr Bedrückten und Bedrängten:*
*Ich will euch aufatmen lassen! (Mt 11,28)*

Oder nun im bewegenden Klageton über die vergebene Chance:

*Jerusalem, Jerusalem, du tötest die Propheten und steinigst die zu dir Gesandten. Wie oft wollte ich deine Kinder um mich sammeln, so wie eine Henne ihre Jungen unter ihre Flügel nimmt. Ihr aber habt nicht gewollt! (Lk 13,34)*

Oder schließlich mit dem Ton unverhohlener Drohung:

*Im Gericht wird sich die Königin des Südens gegen die Männer dieses Geschlechts erheben und sie verurteilen. Denn sie kam von den Enden der Erde, um die Weisheit Salomons zu hören. Hier aber ist mehr als Salomon! (Lk 11,31)*

**Krise und Lösung**

Doch so viel sich damit klärt, wachsen auch hier, nicht anders als im Fall der Höllenfahrt Christi, die Schwierigkeiten, sobald man den Satz von seiner Himmelfahrt und seinem Thronen zur Rechten des Vaters als eine kosmische Ortsbestimmung versteht. Denn so sehr eine derartige Ortszuweisung dem Weltbild der Antike entspricht, ist sie doch mit der astrophysikalischen Vorstellung von einem sich ausdehnenden und kontrahierenden Universum unvereinbar. Die Kollision der Modelle läßt sich auch dadurch nicht vermeiden, daß man mit GUARDINI von dem »anthropozentrischen« Weltbild ausgeht, das jeder Mensch als Orientierungsrahmen mit sich bringt und das durch das »Unten« seiner Todverfallenheit und das »Oben« seiner Selbstüberschreitung definiert ist, da mit einer solchen Hilfskonstruktion dem Satz nicht Genüge geschieht.

Anders als im Fall der Höllenfahrt bietet sich hier jedoch eine christologische Lösung an. Wenn Jesus versichert, er komme »von oben« und kehre nach Ausrichtung seines Lebenswerks dorthin zurück, bewegt er sich zwar sprachlich im Rahmen des antiken Weltbildes, das die Erde als Zwischenreich zwischen Himmel und Unterwelt begreift; gemeint ist mit diesem Kommen und Gehen jedoch das, was mit den Begriffen »Entäußerung« und »Erhöhung« gemeint ist. Es ist der von Paulus wiederholt (Gal 4,4 und Phil 2,5 ff.) entwickelte und von KIERKEGAARD ins Zentrum seiner Christologie gerückte Gedanke, daß der Gottessohn das Dasein als eine ihn begrenzende und verhüllende Lebensform auf sich nahm und daß er in Tod und Auferstehung diese Grenzen und Hüllen durchbrach und von sich abwarf. Seine Himmelfahrt bedeutet dann die endgültige Erreichung seines Lebensziels, die Rückkehr an seinen Ursprungsort, den die Evangelien unterschiedlich, in jedem Fall aber ganz unräumlich, als sein Thronen in der Herrlichkeit und Machtfülle Gottes und als sein Ruhen am Herzen des Vaters beschreiben. Doch das ist lediglich, wie sich jetzt zeigt, die bildhafte Umschreibung dessen, was man den jeden menschlichen Vergleich durchbrechenden »Lebensstil« Jesu nennen könnte: die streng theozentrische Art, wie er es mit dem Leben aufnimmt, genauer noch, wie er das Menschenleben auf sich nimmt und es bis zu seiner letzten, zugleich tödlichen und gottförmigen Konsequenz durchhält.

### Das Ziel

Bei der Bestimmung dieses Ziels gehen die Evangelien gleichzeitig einig und auseinander. Das betrifft schon den Stil ihrer Zielbestimmung; während die synoptischen Evangelien das Wohin der Himmelfahrt mit dem Motiv des »Thronens« umschreiben (Mk 13,62), bevorzugt das Johannesevangelium das ungleich intimere Bild von dem am Herzen des Vaters ruhenden Gottessohn (Joh 1,18). Beim »Thronen« des in die Herrlichkeit Gottes Entrückten wird man im theologischen Sinn dieses Bildes an seine definitive Identität zu denken haben. Jetzt, am Ziel seiner »Laufbahn«, ist er endgültig und unwiderruflich dort, wo er aufgrund seiner ewigen Bestimmung hingehört und wo er sich darum auch mit allem, was ihm sein Erdenwirken einbrachte, angehört. Insofern ist bei dem Artikel zunächst an sein vollkommenes

Bei-sich-sein zu denken, aufgrund dessen er auch »bei allen« ist, denen er sich in seiner gnadenhaften Selbstübereignung zuwendet und die sich ihm in Glaube und Liebe anschließen. So sieht es der Hebräerbrief, wenn er im Anschluß an seine zentrale Passionsaussage (5,7) betont:

*Nachdem er zur Vollendung gelangte, wurde er für alle, die ihm gehorchen, zum Urheber des ewigen Heils (5,9).*

Denn »als Gegenpol zur radikalen Vereinsamung, zur Unberührbarkeit der verweigerten Liebe, trägt diese Existenz«, wie RATZINGER auf einem Höhepunkt seiner Auslegung versichert, »die Möglichkeit der Berührung mit allen anderen Menschen in der Berührung mit der göttlichen Liebe in sich, so daß das Menschsein gleichsam seinen geometrischen Ort im Innern des Selbstseins Gottes finden kann« (259). Die Ausschließlichkeit, in die der Erhöhte eingeht, muß deshalb als eine die gesamte Menschheit, ja den ganzen Kosmos einschließende begriffen werden. Insofern ist das Ziel der Himmelfahrt das göttliche Zentrum allen Seins.

### Der andere Himmel

Wenn das Johannesevangelium im weiteren Verlauf das Bild von dem am Herzen des Vaters ruhenden Gottessohn bei der Einführung des von Jesus geliebten Jüngers wiederholt (13,23), schlägt es die Brücke zu einer mit der gewohnten Sicht konkurrierenden Auffassung von der Himmelfahrt. Wie es die Lebensgeschichte Jesu mit der Jüngerfrage »Meister, wo wohnst du?«

(1,38) beginnen läßt, stellt sich ihm nun die Frage nach dem »Wohnort« des fortlebenden Christus. Darauf hält der Epheserbrief die ebenso kühne wie einleuchtende Antwort bereit:

> *Er möge euch nach dem Reichtum seiner Herrlichkeit verleihen, daß ihr durch den Geist im inneren Menschen kraftvoll erstarkt, so daß Christus durch den Glauben in euren Herzen wohnt (3,16f.).*

Zwar darf die Rolle des Glaubens, wie RUDOLF SCHNACKENBURG in diesem Zusammenhang betont, nicht instrumentell gedacht werden, da alle Initiative von Gott ausgeht, wohl aber bezeichnet »Glaube« die der Selbstvergegenwärtigung Christi entgegnende Herzensweitung, die seiner Einwohnung Raum gibt. So gesehen liegt das Gebetswort auf derselben Linie wie der Zentralsatz der paulinischen Christusmystik »Ich lebe, doch nicht mehr ich: Christus lebt in mir« (Gal 2,20). Auch damit ist ein »Himmel« angesprochen. Doch bezieht sich dieser nicht auf den – wie der Schöpfer am siebten Tag – von seinem Werk »ausruhenden«, sondern auf den in den Seinen fortlebenden Christus, der den in seinem Namen Versammelten zusichert, er werde integrierend und inspirierend in ihrer Mitte sein (Mt 18,20), und, in der johanneischen Abwandlung der Stelle, einem jeden, der sein Wort hält, seine mystische Einwohnung mit der Zusicherung in Aussicht stellt: »ihn wird mein Vater lieben, und auch ich werde ihn lieben, und wir werden kommen und Wohnung bei ihm nehmen« (Joh 14,23).

Dieser Himmel muß heute neu entdeckt werden! Denn die gegenwärtige Kirchenkrise ist so tief und komplex, daß sie nur auf dem Weg einer umfassenden Glaubenserweckung überwunden werden kann. Nur von ihr ist die Austreibung des lähmenden »Geistes der Schwere« zu erhoffen, nur von ihr die Behebung des im Kirchengefüge herrschenden Ungleichgewichts und der nicht minder irritierenden Ungleichzeitigkeit zwischen Spitze und Basis.

Was das Ungleichgewicht anlangt, so hat es zweifellos seine Hauptursache in der sich epidemisch ausbreitenden Ich-Schwäche des heutigen Menschen, die allenthalben zu einem Schwund an Initiative, Engagement und Kreativität führt und nicht zuletzt für die soziale Unterkühlung in der heutigen Lebenswelt verantwortlich zu machen ist. Lebensunlust, Seinsverdrossenheit und Orientierungslosigkeit sind ebenso ihre Folgen wie eine bedenkliche Anfälligkeit für Außensteuerung und Fremdbestimmung. Und zweifellos hängt auch die Resignation im Kirchenraum ursächlich mit ihr zusammen.

Diese Leere schreit geradezu nach der Entdeckung des »anderen Himmels«. Denn die gegenwärtige Glaubensnot kann letztlich nur durch den überwunden werden, den der Hebräerbrief den »Wegbereiter und Vollender des Glaubens« nennt (12,2), also nur im Anschluß an den, der dem Glauben ebenso Bahn bricht, wie er ihn zum Ziel führt, der also in einem letzten und höchsten Sinn ebenso Objekt wie Subjekt des Glaubens ist. Im Glauben geschieht, so gesehen, eine Besitzergreifung durch ihn, eine Durchlichtung des Denkens durch seine Wahrheit, eine Einstrahlung seines Sohnesbewußtseins in den sich ihm erschließenden Menschengeist, das Vernehmen des in ihm gesprochenen und durch ihn sprechenden Gotteswortes. Denn der Glaube ist seinem Wesen nach Dialog, existentielle Zustimmung zum Wort der

Botschaft, zur Lehre der Kirche und insbesondere zu dem, der als der inwendige Lehrer diese wiederum zu seiner Stimme werden läßt. Auf neue Weise ruft er auch heute wieder in seine Freiheit, erweckt er aus dem Schlaf der Lethargie, führt er zu einem Leben verstehender und getätigter Gottesfreundschaft. Alles andere, die Begründung seiner Autorität und die Motivation ihrer gehorsamen Anerkennung, ist damit verglichen nur Vorstufe, Anbahnung und Vermittlung. Das eigentliche »Glaubensleben« beginnt aber erst damit, daß die Mittelwand durchstoßen und der Herzensdialog mit dem Geglaubten aufgenommen werden. Dann können die Brücken, die zu ihm führten, zurückgelassen werden, weil nur das zählt, was sich zwischen ihm und dem Glaubenden an Zuwendung, Begegnung und Verständigung begibt.

### Die Gleichzeitigkeit

Wenn es dazu kommen soll, muß der Glaube mit KIERKEGAARD als die Gewinnung der Gleichzeitigkeit mit Jesus begriffen werden. Wer an ihn glaubt, bezieht sich nicht etwa auf seine einstige Lebensgeschichte zurück; vielmehr lebt er diese in mystischer Wiederholung mit. Doch dazu käme es nie, wenn er nicht selbst die Initiative ergriffe. Denn die Gleichzeitigkeit mit ihm ist nie die Folge der wie immer ins Werk gesetzten Hinwendung zu ihm als vielmehr die seiner Selbstvergegenwärtigung im Glaubenden. Als Auferstandener lebt er sein Leben noch einmal, zunächst im Großraum der Geschichte, so daß jede Epoche ihre innerste Sinnzuweisung aus je einem Stadium seiner Lebensgeschichte empfängt; sodann aber auch in der Lebensgeschichte eines jeden Glaubenden, die nun von der seinen überlagert und strukturiert wird. Darum geht es in dieser zweiten, mystischen Himmelfahrt, die gleichbedeutend ist mit seinem »Aufleben« im Herzen der Glaubenden. Nur im Rückbezug darauf kann der gegenwärtigen Glaubenskrise letztlich begegnet werden. Wie sich immer deutlicher zeigt, ist diese gleichzeitig Auflösungs- und Verhärtungstendenzen ausgesetzt. Auflösungserscheinungen: denn während das Herzstück des Glaubens, die Auferstehung Jesu, angezweifelt, wenn nicht gar gegen den asiatischen Reinkarnationsgedanken ausgetauscht wird, geraten abgeleitete Glaubenswahrheiten, wie die Jungfrauengeburt oder die »letzten Dinge«, zunehmend ins Zwielicht. Dem widersetzt sich der Gedanke der Einwohnung, indem er den Glauben auf seine christologische Mitte zurückzwingt. Gleichzeitig droht eine geradezu sklerotische Verhärtung durch die verbreitete Verwechslung des Glaubens mit einem System nicht hinterfragbarer Sätze und der vergegenständlichenden Festschreibung seiner Inhalte. Doch in dem Maß, wie das Wissen um die Einwohnung Jesu überhand nimmt, steigt er vom Thron seines Herrentums herab, tritt er aus dem Schrein seiner Vergegenständlichung zum Glaubensobjekt hervor, um aufs neue zum Glauben zu bewegen, im Glauben zu festigen und sich als seine lebendige Mitte zu erweisen; deshalb muß seine innere Himmelfahrt neu entdeckt werden.

## *Von dort wird er kommen*

Judex, crederis, esse venturus – als künftiger Richter wirst du geglaubt: so gibt das »Te Deum« diesen Glaubensartikel wieder. Tatsächlich gehört der Gedanke an die Wiederkunft des zum Gericht und zur Vollendung der Welt Wiederkehrenden zum Grundbestand des christlichen Glaubens. Während die Einwohnung Jesu weithin den Charakter einer Wiederaufnahme seiner Lebensgeschichte hat, grenzt das liturgische Credo das Bekenntnis zu seiner Wiederkunft von Vorstellungen nach Art einer Wiederholung durch den Zusatz »cum gloria« nachdrücklich ab. Stand das erste Kommen Christi im Zeichen der Verhüllung, der Niedrigkeit und Schwäche, so erfolgt seine Parusie in weltweiter Öffentlichkeit, umstürzender Macht und alles überstrahlender Herrlichkeit. Die Zweckbestimmung seines Kommens mit den Worten »zu richten die Lebenden und die Toten« läßt keinen Zweifel daran, daß für beide Bekenntnisformeln die Parusie mit dem Gedanken des endzeitlichen Gottesgerichtes unablösbar verbunden ist. Wenn das liturgische Credo dem jedoch hinzufügt »cuius regni non erit finis«, wird ebenfalls klar, daß der Artikel keinesfalls in seiner bis heute nachwirkenden mittelalterlichen Verdüsterung genommen werden darf. Denn diese ist weit mehr die Folge unbewältigter sozialer Konflikte im Bund mit kollektiven Wahnvorstellungen und Ängsten als Ausdruck christlicher Traditionen.

## Das Endgericht

Freilich geht der Bruch in feinerer Form sogar durch die neutestamentlichen Aussagen und, erheblich verschärft, durch deren theologische Ausdeutungen hindurch. Während Paulus auf der einen Seite betont, daß »wir alle vor dem Richterstuhl Christi erscheinen müssen« (2 Kor 5,10), um Rechenschaft über uns abzulegen (Röm 14,12) und am Tag des Gerichts für unser Tun Lohn oder Strafe zu empfangen (1 Kor 3,13 ff.), weiß er andererseits, daß das Weltgericht den Gläubigen übergeben ist, die sogar »über Engel« richten werden (6,2 f.). Damit nimmt er den johanneischen Gedanken vorweg, wonach der Vater niemand richtet, weil er das Gericht dem Sohn übergeben hat (Joh 5,22). Wer aber auf dessen Wort hört, kommt nicht ins Gericht, weil er bereits aus dem Tod ins Leben hinübergegangen ist (5,24). Das bestätigt die johanneische Gemeinde mit dem großen Wort: »Wir wissen, daß wir vom Tod zum Leben hinübergeschritten sind, weil wir die Brüder lieben« (1 Joh 3,14). Glaube und Liebe entreißen uns den Schrecken des Gerichts, das sich nun seinerseits als der dringlichste Ruf Gottes erweist, seinem Wort Glauben zu schenken und diesen Glauben in Taten der Liebe wirksam werden zu lassen (Gal 5,6).

## Die Verdüsterung

Damit verglichen hat der Gedanke der Wiederkunft Christi zum Endgericht in der Folgezeit, vor allem aber in der auf das Spätmittelalter hinführenden Epoche eine Verdüsterung erfahren, die nur noch mit der in

NIETZSCHES »Gott ist tot« gipfelnden Zersetzung des Gottesgedankens im Lauf der Neuzeit verglichen werden kann. Unter dem Eindruck periodisch durchbrechender Weltängste, wie sie sich heute aufs neue ankündigen, kollektiver Obsessionen, vor allem in Gestalt des Hexen- und Teufelswahns, aber auch theologischer Engführungen wie insbesondere in Form der Satisfaktionslehre des ANSELM VON CANTERBURY, kam es zu einer verhängnisvollen Rückbildung des Gottesgedankens in Richtung auf den ebenso gütigen wie grausamen Gott, zu dem sich MARTIN BUBER in der letzten seiner »Reden über das Judentum« bekannte. Gleichzeitig verdunkelte sich das Antlitz des »Vaters der Erbarmungen«, den Jesus für die Menschheit entdeckt hatte, während das furchterregende Gottesbild der Vorzeit Macht über die Herzen gewann. So kam es, daß die freudige Erwartung, mit der die Urkirche der Wiederkunft ihres Herrn entgegensah, in den vom »Dies irae« wortgewaltig beschworenen Gottesschrecken umschlug. Während sich die Urgemeinde an das Herrenwort hielt: »wenn all dies zu geschehen beginnt, so richtet euch auf und erhebt eure Häupter; denn eure Erlösung naht« (Lk 21,28), sah die Christenheit an der Wende vom Mittelalter zur Neuzeit einem »Tag der Rache und der Tränen« entgegen, der die Welt in Schutt und Asche sinken ließ. Künstlerischer Exponent dessen ist der späte MICHELANGELO, der in dem Gerichtsfresko der Sixtinischen Kapelle eine grandiose Karikatur des Weltenrichters schuf. Während selbst in der Apokalypse diejenigen nicht ohne einen Schimmer von Hoffnung zu dem aufblicken, »den sie durchbohrt haben« (1,7), läßt Michelangelo den Richter in der Pose des Verdammenden erstarren, der die Verworfenen mit solcher Wucht in den Abgrund schleudert, daß sich selbst Maria angstvoll von seinem Anblick abwendet. Weiter als in dieser Schreckensfigur und ihrem Äquivalent in den Dies-irae-Vertonungen von BERLIOZ und VERDI hat sich die Kunst wohl nie vom Geist des Evangeliums entfernt.

### Die Vollendung

Aus dieser Schreckensperspektive führt, abgesehen von der Besinnung auf die neutestamentliche Sicht, bei welcher wiederum zu bedenken ist, daß das Evangelium auf seine Mitte hin gelesen sein will, erst der Gedanke an den Weltbezug des Endgeschehens heraus. In seiner »Einführung in das Christentum« erinnert RATZINGER daran, daß für das antike und zumal für das biblische Weltbild der Mensch dem Kosmos nicht als Subjekt gegenübersteht, sondern mit ihm im Sinn einer gegenseitigen Widerspiegelung verflochten ist. Danach ist der Kosmos auf den Menschen hin entworfen, so wie ihn dieser als eine »Kleinwelt«, als Mikrokosmos, darstellt. Deshalb liegt die Schöpfung für Paulus »bis zur Stunde« in Geburtswehen, mit dem Menschen zusammen unter dasselbe Todesjoch gebeugt, gleich ihm aber auch zur endzeitlichen Freiheit der Gotteskinder berufen (Röm 8,18–23). Damit tritt der Vollendungsgedanke gegenüber dem Gerichtsmotiv in den Vordergrund. Gleichzeitig wird klar, daß die Bibel die Welt nicht nur menschlich, sondern geschichtlich denkt. Und darin tritt sie in einen grundlegenden Gegensatz zum Denken der Antike. Während sich für diese alles Geschehen in einem Kreislauf bewegt, nimmt es für die Bibel einen zielgerichteten Verlauf. Das Ziel aber besteht darin, daß Gott die durch die Mächte des Bösen verunstaltete Schöpfung durch einen letzten Eingriff vom Todesjoch befreit und ihrer Vollendung entgegenführt.

Wie das Weltgericht ist auch dieser Akt in die Hand des über alle welthaften Gewalten erhöhten Sohnes gelegt. Er spricht das Schlußwort des Weltgeschehens, das alles Leid der Schöpfung in sich aufzehrt und all ihre Vergeblichkeit durch die Zusicherung widerruft: »Seht, ich mache alles neu!« (Offb 21,5). Die Bilder, die dieses »letzte Kapitel von der Geschichte der Welt« (KLEIST) umschreiben, wechseln und überschneiden sich. In ihrem Zentrum aber steht, unverrückbar, der Glaube an die endzeitliche Wiederkunft Christi. In seinem Ersten Thessalonicherbrief spricht Paulus, der Kronzeuge dieses Glaubens, von dem feierlichen Triumphzug, gebildet von den durch den Weckruf des »Erzengels« zu neuem Leben Gerufenen und den noch Lebenden, der den auf den Wolken des Himmels Kommenden zum Werk der Weltvollendung einholt (4,15 ff.). Demgegenüber betont Paulus in der Korrespondenz mit Korinth die Plötzlichkeit des Geschehens: »in einem Nu, in einem Augenblick, werden die Toten in Unverweslichkeit auferweckt, und wir werden verwandelt werden« (1 Kor 15,52).

### Das Ende

Dem war der Apostel jedoch mit einem ungleich umfassenderen Bild zuvorgekommen. Hier deutet er das Endgeschehen als eine wechselseitige Unterwerfung: der gottfeindlichen Welt und Todesmächte unter die Herrschaft des erhöhten Christus und dessen Unterwerfung unter den alles in sich zurücknehmenden Vater, »damit Gott alles und in allem sei« (1 Kor 15,28). Größer, befreiender und tröstlicher ist das letzte Kapitel der Weltgeschichte nie beschrieben worden. Denn in dieser Sicht besteht es in der schrittweisen Aufhebung der Negativität in deren unterschiedlichen Erscheinungsformen, vor allem in der radikalsten: des Todes. Paulus bringt damit das auf den Begriff, was die Apokalypse mit dem Wort verheißt, daß Gott alle Tränen von den Augen der Weinenden abwischen (21,4) und damit der »Trauer der Welt« (EICH) ein Ende setzen werde. Die Größe der Konzeption besteht jedoch vor allem darin, daß das Weltende, so sehr dies ein Geschehen zwischen Gott und der Welt bleibt, zuletzt als ein Geschehen zwischen dem zur endgültigen Herrschaft gelangten Sohn und dem Vater beschrieben wird, also als ein Geschehen zwischen Gott und Gott, der nun, mit dem Sohn zusammen, »alles« in seine Lebensfülle aufnimmt. Insofern unterscheidet sich der Glaube von jeder pessimistischen und resignativen Weltsicht dadurch, daß er das Weltgeschehen, so sehr er um die Vergeblichkeit, Leidbehaftung und Todverfallenheit des Daseins weiß, zuletzt in die mit und durch Gott selbst gebildete Positivität ausmünden läßt. Das letzte Wort im Weltgeschehen haben somit nicht die Mächte der Vernichtung und Chaotik, sondern die der Gestaltung und des Lebens, wie es dann der letzte Artikel des Bekenntnisses in aller Form bestätigt.

## *»Der Geist und die Braut«*

Aus der dreiteiligen Urform des Apostolikums wurde im Zuge seiner interpretierenden Fortschreibung ein ausgesprochen trinitarisches Bekenntnis. Wie im Auftakt der Schöpfer jedoch nur in einem allgemeineren Sinn »Vater« genannt wird, ist in diesen abschließenden Wendungen vom Heiligen Geist nicht in seinem theologischen, sondern in seinem heilsgeschichtlichen Verständnis die Rede, wie dies insbesondere aus den paulinischen und johanneischen Zeugnissen hervorgeht.

### Im Geist

Da wird vom Geist nicht so sehr als dritter Person in der Gottheit als vielmehr in seiner Interaktion mit Jesus gesprochen. Bisweilen scheint er mit ihm sogar (wie in 2 Kor 3,17) geradezu zu verschmelzen, so daß er sich als seine pneumatische Selbstmitteilung darstellt. Wie Jesus vom Geist ins Leben gerufen (Mt 1,20; Lk 1,35), in die Wüste getrieben (Mk 1,12) und zu seinen Wundertaten gedrängt wird (Lk 5,17), ist er durch den Geist den Seinen gegenwärtig, so daß sie in seinem Namen reden und wirken können. So besteht das vorzüglichste Werk des Geistes darin, daß sich Jesus auch in wirkungsgeschichtlicher Hinsicht von den Großen der Menschheit tiefgreifend unterscheidet. Anders als sie lebt er nicht nur in seinen Worten, Impulsen und Taten fort, sondern persönlich, indem er die Menschheitsgeschichte mit seiner Anwesenheit durchwirkt. Seine Auferstehung beschließt zwar seine individuelle Lebensgeschichte; doch ist sie zugleich der Anfang seines mystischen Fortlebens in einem jeden der Seinen und zumal in ihrer Gemeinschaft, der Kirche. Sie ist, pneumatisch gesehen, sein Leib, dessen Glieder er als »Haupt« und Sinnfülle in sich zusammenfaßt, auferbaut zu einer »Gotteswohnung im Geist« (Eph 2,21) und, in ihrer zeitlichen Erstreckung gesehen, die Gestalt seines Fortlebens in der Geschichte, die »Verlängerung« der Christusgeschichte (RATZINGER) in das Zeitgeschehen hinein.

**Das Wachstum**

Weil Gott für Paulus »kein Gott der Unordnung, sondern des Friedens« ist (1 Kor 14,33), bestimmte er die einen zu Aposteln, andere zu Propheten, wieder andere zu Lehrern, Therapeuten und Hermeneuten (12,28). Bewirkt aber wird dies konkret durch den einen Geist, der einem jeden zuteilt, wie er will, diesem die Gabe der Weisheit, jenem die der Erkenntnis, anderen die Wunder- und Heilungsgabe, wieder anderen die Gabe der prophetischen Rede und der Unterscheidung der Geister (12,7–11). Eine solche Differenzierung der Funktionen bildete die Paulus-Schule zu der Vorstellung fort, daß die unterschiedlichen Ämter und Dienstleistungen zur »Auferbauung des Leibes Christi« beitragen,

> *bis wir alle zur Einheit des Glaubens und zur Erkenntnis des Gottessohnes gelangen, zur vollen Mannesreife nach dem Altersmaß Christi (Eph 4,13).*

Danach ist nicht schon der einzelne, sondern erst die Glaubensgemeinschaft das eigentliche Subjekt des Glaubens, das seinerseits in dem ihr einwohnenden Christus seine bewegende Mitte hat. Das Bild erinnert unwillkürlich an das dynamische Konzept des Weltendes, mit welchem Paulus die apokalyptischen Bilder überholt. Nur geht es hier nicht um eine Unterwerfung, sondern um einen Reifungsprozeß, der den seiner Vollendung entgegenstrebenden Christus zum Entwicklungs- und Formgesetz hat. Sofern die Kirche mit diesem identisch ist, könnte man auch sagen, sie sei in ihrer innersten Lebensbewegung fortwährend unterwegs zu sich selbst. Das bewirkt der ihr eingehauchte Geist, der mit seinen Eingebungen und Impulsen darauf ausgeht, sie dem immer vollkommener anzugleichen, der ihr Stifter, ihr Haupt und ihr Lebensprinzip ist.

### Die Erweckung

Tatsächlich besteht die zentrale Therapie der gegenwärtigen Glaubens- und Kirchenkrise in der Wiederentdeckung dieses Lebenskontextes. Wenn die Kirche wieder als das kollektive Glaubenssubjekt und damit, wie AUGUSTIN es sah, als das Ganze des sich selbst in ihr erkennenden und liebenden Christus begriffen würde, fielen die Mißverständnisse, auf die sie allenthalben, auch in den eigenen Reihen stößt, von selbst in sich zusammen. Unmöglich könnte sie dann noch als kalte Institution und starrer Ämterbau, womöglich als purer Machtapparat gesehen werden, so viel für diese Fehldeutungen sprechen mag. Dessen ungeachtet erschiene sie dem tiefer Blickenden als der Raum der aufgehobenen Entfremdung, der geschenkten Freiheit, der gelebten Solidarität, der Angstüberwindung und Hoffnung. Doch dies nicht etwa aufgrund der Gesinnung der in ihr Geeinten, sondern im Vertrauen auf die Geistes-Gegenwart dessen, der sein Werk durch sie fortführt inmitten einer vielfach mit sich selbst überworfenen Welt. Denn alles, was an Engagement, Selbstüberwindung, Hilfsbereitschaft, insbesondere aber an Glaube und Liebe in sie eingebracht wird, lebt letztlich doch nur aus seiner Entgegenkunft, Inspiration und Präsenz. Dafür muß ein neuer Sinn erweckt, eine neue Sensibilität entwickelt werden, wenn die herrschende Lethargie einer neuen Zustimmung weichen soll.

**Die Einheit**

Denn die sich ständig vertiefende Polarisierung ist der defiziente Schattenwurf einer Entwicklung, die unverkennbar die Zukunft der Kirche bestimmt. Sie ist durch das zunehmende Gewicht der Ortskirchen und ihre strukturelle Selbstgestaltung gekennzeichnet. Denn diese beschränkt sich nicht nur auf eigene Formen der Organisation und des Kultes, sondern schließt auch die Tendenz zum Entwurf eigener Theologien mit ein. Angesichts eines solchen Zusammenspiels von Polarisierung und Differenzierung gewinnt das vom liturgischen Credo an erster Stelle genannte Attribut der Einheit eine hochaktuelle Bedeutung. Und es ist auch kein Zufall, daß in neutestamentlicher Zeit gerade in dem Augenblick darauf abgehoben wurde, als das charismatische Leben seinem Höhepunkt entgegenstrebte. Hauptzeugen dessen sind der Epheserbrief und das Johannesevangelium. Jener durch den geradezu beschwörenden Appell, »die Einheit des Geistes zu wahren durch das Band des Friedens«:

*Denn es ist nur ein Leib und ein Geist, wie ihr auch zu einer Hoffnung durch den an euch ergangenen Ruf berufen wurdet: ein Herr, ein Glaube, eine Taufe, ein Gott und Vater aller, der über allen, durch alle und in allen ist (4,3–6).*

Das hatte der Brief zweifach unterbaut. Zunächst durch den von der Rekapitulationslehre des IRENÄUS VON LYON aufgenommenen Gedanken, wonach Gott in der Fülle der Zeiten alles, was im Himmel und auf Erden ist, in Christus zusammenfassen wollte (1,10); sodann durch sein großes Wort, das Christus »unsern Frieden« nennt, weil er durch sein Kreuzesleiden die Trennwand zwischen Juden und Heiden niederlegte, die Getrennten in seiner mystischen Person einte und so beiden Völkerschaften, den Fernen wie den Nahen, Zugang zu Gott dem Vater schaffte (2,14–18).

Demgegenüber ergreift Jesus im Johannesevangelium in diesem Anliegen selbst das Wort, am eindringlichsten in seinem Abschiedsgebet, wenn er den Vater bittet,

*daß sie eins seien, so wie wir eins sind: ich in ihnen und du in mir, so sollen sie vollkommen eins sein, damit die Welt erkennt, daß du mich gesandt und die Meinen ebenso geliebt hast wie mich (17,22f.).*

**Der Garant**

Hier tritt dann auch, wenngleich im Nachtragskapitel, das Petrusamt voll in Erscheinung. Zwar wird der damit Betraute von dem von Jesus geliebten Jünger hinsichtlich der Glaubenssensibilität (20,8) und Erkenntniskraft (21,7) »überholt«; doch überträgt der Auferstandene ihm die Hirtenaufgabe, die sich in erster Linie auf die Wahrung des Zusammenhalts und der Einheit der Gemeinde bezieht (21,15ff.).

Sofern der ungenannte Jünger für den urchristlichen Prophetismus steht, wird im Verhältnis der beiden Gestalten der ebenso spannungsreiche wie fruchtbare Antagonismus von Geist und Amt, Dynamik und Ordnung, Progression und Beharrung im Lebensvollzug der Kirche sichtbar, der in jeder Epoche neu ausgetragen und im Sinn der gegenseitigen Ergänzung und dialogischen Verständigung bewältigt werden muß. Angesichts der divergierenden Tendenzen im Raum der gegenwärtig gerade an ihren »Rändern« wachsenden Weltkirche wird dem Petrusamt deshalb, entgegen allen sich daran entzündenden Irritationen, eine wachsende Rolle zukommen, sofern es nur im Geist der vom Kusaner beschworenen »Konkordanz« und des vom Zweiten Vatikanum geforderten Dialogs wahrgenommen wird.

## *Gemeinschaft der Heiligen und Sündenvergebung*

Die vom Stifter ebenso gewirkte wie geforderte Einheit ist ihrem Sinn und Wesen nach keine statuierte, sondern eine gelebte. Weil Leben aber Wachstum besagt, weitet sich an dieser Stelle des Glaubensbekenntnisses der Horizont, so daß jenseits der Kirchengrenzen die »Gemeinschaft der Heiligen« insgesamt ins Blickfeld tritt. Ja, der Blick dringt sogar über die Grenzen von Raum und Zeit hinaus bis in die jenseitigen Bereiche.

Denn zu der vom Apostolikum aufgerufenen »communio sanctorum« gehören nicht nur die mit der ursprünglichen Bedeutung des Ausdrucks gemeinte Altargemeinschaft der zum Herrenmahl Versammelten, sondern auch die noch im Läuterungsstatus Befindlichen ebenso wie die bereits Vollendeten. Sie alle stehen in jener mystischen Interaktion, die den Pulsschlag des »mystischen Leibes« ausmacht; denn:

> *Alles gehört euch, ob Paulus, Apollos oder Kephas, ob Welt, Leben oder Tod, ob Gegenwärtiges oder Zukünftiges: alles gehört euch; ihr aber gehört Christus und Christus Gott (1 Kor 3,23f.).*

### Die Stellvertretung

Dem Vordersatz zufolge liegt hier die Wurzel für das Wunder der interpersonalen Stellvertretung. Denn hier heißt es nicht wie in SCHILLERS Reiterlied: »da tritt kein anderer für ihn ein«, sondern paulinisch: »da lebt jeder für jeden«, wenn nicht gar kusanisch: »da ist jeder in jedem«. Leidet einer, so leiden alle mit; hat einer Grund zur Freude, so freuen sich alle mit (1 Kor 12,26). Alles kommt allen zuleid und zugute. Es ist kein Zufall, daß diese »Verflechtung der Seelen« (WUST) in der Gegenwartstheologie vor allem durch Sprecher der Befreiungstheologie wiederentdeckt wurde. Denn der Verfall des Individualismus gab den Blick für jene naturale und mystische »Allverbundenheit« frei, um die das vom Schriftwort inspirierte Denken der Vorzeit noch wußte.

Im Sinn des Nachsatzes bildet die Interaktion der Glaubenden dagegen die »Stelle«, an der sich die Selbstvergegenwärtigung Jesu in und unter den Seinen seiner Zusicherung zufolge immerfort ereignet; denn:

*Wo zwei oder drei in meinem Namen versammelt sind, da bin ich mitten unter ihnen (Mt 18,20).*

## Das Hochbild

Zwar ist für Jesus, dem die Welt das Wissen um die unvertretbare Würde des einzelnen letztlich verdankt, zunächst dessen Herz der »Ort« dieser Einwohnung, doch so, daß er sich in dem Maß, wie er die Geistesgegenwart des Auferstandenen erfährt, »zum Ganzen« erweitert. Nie wurde das überzeugender begründet als in der Jugendschrift JOHANN ADAM MÖHLERS »Die Einheit in der Kirche« (von 1825). Danach kann Gott, der Schöpfer des Universums, nur im Ganzen wirklich erkannt werden, weil der einzelne in der Fragmentarität seines Einzelseins zu beschränkt ist, um ihn fassen zu können. Nur als Liebender, der sich zum Ganzen öffnet und keinen aus seiner Zuwendung ausschließt, gewinnt er die intentionale Weite, die dem Gottesgedanken entspricht. Mit dem Entwurf der Communio-Theologie stimmte sich das theologische Denken auf diesen Tatbestand ein. Gleichzeitig machte sie sich damit die Einsicht in die transindividuelle Verfassung des Glaubenssubjekts zu eigen. Denn dieses besteht, wie eingangs gezeigt wurde, nicht schon im Glauben des einzelnen, sondern erst in der Konzentration der vielen auf den Brennpunkt, den der Geglaubte bildet: Je entschiedener sie sich auf ihn als ihre Mitte hin sammeln, desto lebendiger tritt er aus seiner Vergegenständlichung hervor, um die Sache des Glaubens an sich zu ziehen. Und je bewußter er von den vielen geglaubt wird, desto mehr wird ihnen bewußt werden, daß er in ihnen ebenso glaubt, wie er in ihnen hofft und liebt, daß er also als der Inhalt zugleich der lebendige Beweggrund ihres Glaubens ist.

Im Rückblick auf die Kirche zeigt sich nun, daß sie auf diesen Horizont hin entworfen ist und demgemäß, wie die Schlußvision der Apokalypse deutlich macht, als das aus der Inspiration des Geistes hervorgegangene Kunstwerk Gottes gesehen sein will; in geradezu surrealistischer Schönheit aufleuchtend aus dem Zusammenspiel von Ordnung und Leben im Bild der als geschmückte Braut vom Himmel herabsteigenden Gottesstadt (Offb 21,2). Wenn diese Sicht weithin verlorengegangen ist, dann vor allem aus dem von RATZINGER genannten Grund, daß sie nicht mehr aus ihrer Interdependenz mit dem Gottesgeist begriffen wurde.

## Der Kontrast

Doch je strahlender dieses Hochbild hervortritt, desto härter stößt es sich mit den Alltagsfakten, angefangen mit den anachronistischen Reglementierungs- und Disziplinierungsstrategien bis hin zur Ausgrenzung widerspenstiger oder auch nur querdenkender Theologen, zu schweigen von der Not der in Konflikt mit dem Kirchenrecht Geratenen. Auf den Punkt gebracht, ist dies das Problem der Zugehörigkeit zur Kirche, bei dem die Frage ihrer Identität und Institutionalität aufs härteste mit der ihres universalen Heilsauftrags kollidiert.

Sie trieb bereits Paulus an den Rand des Selbstwiderspruchs, wenn er im Römerbrief gesteht, daß er sich in unablässiger Sorge um die Rettung des sich der Heilsbotschaft verweigernden Israel verzehre und um dieses Zieles willen sogar selbst verstoßen zu werden wünsche (Röm 9,2f.). Kaum irgendwo kommt die Gegenwartstheologie dem Geist des Apostels so nah wie in der Tatsache, daß sie sich dieser Grenzfrage mit wachsender Entschiedenheit stellte. Freilich brachten ihre Versuche, das Problem entweder durch die Dehnung (FRIES) oder gar durch Umpolung (LUBAC) des Zugehörigkeitsbegriffs zu lösen, keine fühlbare Entlastung. Offensichtlich gehört es zu jenen theologischen »Notständen«, die beim gegenwärtigen Stand des Kirchenbewußtseins nur erlitten, nicht aber bewältigt werden können.

### Der Abscheu

Wie in jähem Sprung aus der Höhe der Vision in die Niederungen menschlichen Versagens befaßt sich das Apostolikum im anschließenden Artikel mit dem Syndrom »Sünde«, das, wie heute zunehmend erkannt wird, eine ganze Reihe von Komponenten umfaßt: Verzweiflung, Angst, Auflehnung, Verweigerung, Aggression. Dem setzt das Bekenntnis den kirchlichen Lebensakt der Sündenvergebung entgegen. Dabei war in erster Linie an die vergebende Wirkung der Taufe gedacht, jedoch in einer Offenheit, die auch andere, sakramentale und spirituelle Formen der Sündenvergebung einschloß.

Unverkennbar spiegelt sich in diesem Szenenwechsel der Abscheu, der die junge Christenheit angesichts der »haarsträubenden« Lasterhaftigkeit ihrer Umwelt (BEYSCHLAG) befiel. Sprechendster Beleg dessen ist das Eingangskapitel des Römerbriefs, wonach sich für

Paulus in der Sittenlosigkeit seiner Zeit das auf groteske Weise wiederholt, was einstens am Fuß des Sinai geschehen war, nur daß er den Tanz um das goldene Kalb als Absturz aus der Höhe der Gottebenbildlichkeit in die Tiefe animalischer Verhaltensweisen deutet:

> *Sie vertauschten die Herrlichkeit des unvergänglichen Gottes mit dem Bild von vergänglichen Menschen, ja von fliegenden, vierfüßigen und kriechenden Tieren (Röm 1,22).*

Schärfer als mit diesem Bild des Abfalls vom göttlichen Sinnziel des Menschen kann das Unwesen der Sünde kaum beleuchtet werden. Wenn AUGUSTIN im Hinblick darauf vom »experimentum suae medietatis«, also vom vermessenen Versuch des Menschen spricht, sich selbst zum Mittelpunkt aller Dinge aufzuwerfen, meint er, nur mit neuer Akzentsetzung, dasselbe. Hier wie dort geht es um die Abwendung des Menschen von dem ihm zugedachten Sinnziel und damit von sich selbst.

## Schwindendes Sündenbewußtsein

Doch bevor der Gedanke der Vergebung überhaupt Fuß fassen kann, drängt sich ein Vorgang in den Vordergrund, der ihm den Boden zu entziehen scheint: die schon von HEINE deklamatorisch geforderte, inzwischen aber stillschweigend eingetretene »Abschaffung der Sünde«, verstanden als das unaufhaltsame Absterben des Sündenbewußtseins in der modernen Lebenswelt. Das Gefühl des ständigen Versagens gegenüber den Geboten Gottes und den Normen der Sittenordnung, das gestern noch die Mehrzahl der Christen in Gewissensnot und oft genug in religiöse Panik stürzte, ist unversehens verebbt und, wie die vergeblichen Aufrufe zur »Wiederentdeckung der Sünde« zeigen, auf absehbare Zeit nicht wiederherzustellen.

### Der Zwiespalt

Aber brach damit nicht der Boden, der das ganze Gebäude des Christentums trägt? War denn das Sündenbewußtsein nicht, wie selbst KIERKEGAARD in einem unerleuchteten Augenblick behauptete, die Peitsche, die den Menschen in die Arme des vergebenden Gottes treibt? Läuft deshalb mit dem Schwund des Sündenbewußtseins nicht die Rechtfertigungslehre und mit ihr das Prinzip des Protestantismus, wie GÜNTER ROHRMOSER befürchtete, Gefahr, nicht mehr verstanden zu werden? Und ist dann, radikaler noch gefragt, nicht der Artikel von der Vergebung in den Wind gesprochen?

Indessen träfe diese Befürchtung nur zu, wenn die Sündenvergebung der einzige Weg zum Gott des Evangeliums wäre. Noch bevor es danach befragt werden kann, läßt eine Beobachtung am heutigen Menschen aufhorchen. Nichts läßt darauf schließen, daß er der erfahrenen Exkulpierung froh geworden wäre. Statt der vermuteten Erleichterung ist er in seinem Lebensgefühl herabgestimmt und gedrückt, vor allem durch eine unstillbare Existenzangst, die nach KARL JASPERS zu seinem »unheimlichen Begleiter« geworden ist.

Wenn er, wie es nur zu oft geschieht, gehässig, aggressiv und böse wird, dann hauptsächlich deshalb, weil er vom Dämon seiner Lebensangst dazu verführt und angestiftet wird. Selbst in der klassischen Bestimmung der

Sünde durch AUGUSTIN, der sie als die »Einkrümmung« (incurvatio) des sich zum Zentrum der Welt aufspielenden Menschen begreift, ist die Figur der Angst zu erkennen, sofern sie den von ihr Befallenen auf sich zurückwirft, in sich verschließt und, sprach- und hilflos geworden, in ein tiefgreifendes Zerwürfnis mit sich und seiner Mitwelt versetzt.

Was den Menschen in diesen Zwiespalt treibt, ist aber nach KIERKEGAARD, der bisher am tiefsten in den »Abgrund Mensch« (AUGUSTIN) blickte, nicht schon die Angst, sondern deren letzte Ursache: die aus seiner Todverfallenheit aufsteigende Verzweiflung. Verzweifelt sucht der Mensch sich in seine Identität zu retten, und ebenso verzweifelt lehnt er sich gegen sein Dasein auf. So empfindet er dieses, wie schon der biblische Rebell Hiob, als Zumutung und drückende Last. Nichts liegt ihm näher, aber auch nichts ferner als er – sich selbst.

### Die Heilung

So sehr sich darin das Profil des modernen Menschen spiegelt, entspricht es doch, wie nur staunend vermerkt werden kann, nicht minder genau dem Vorzugsadressaten des Evangeliums. Denn dieses scheint geradezu auf den heutigen Leser gewartet zu haben, um ihm seine Heilsbotschaft ausrichten zu können. Nicht umsonst erklingt aus seiner Mitte die von Kierkegaard als Zentralaussage gewertete Einladung an die Bedrückten und Bedrängten, denen Jesus die Freiheit des Aufatmens und die Ruhe des in ihm gefundenen Haltes verspricht (Mt 11,28). Bei dieser Gewährung geht es ihm, wie

Kierkegaard hellsichtig erkannte, nicht etwa nur um Linderung und Beschwichtigung der menschlichen Daseinsnot, sondern um die »Heilung von Grund auf«, die er dadurch bewirkt, daß er bis zum Exzeß der »Einwohnung« auf die Gebrochenheit des Menschen »eingeht«. Nicht umsonst sprechen zahlreiche Symptome für die Wiederentdeckung seines Arzttums, zu dem er sich mit dem programmatischen Satz bekennt:

*Nicht die Gesunden brauchen den Arzt, sondern die Kranken (Mk 2,17).*

Doch damit grenzt er seinen Heils- und Heilungswillen keineswegs auf die Leidenden und Kranken ein; vielmehr bezeichnet er alle als krank, wobei er jene besonders anspricht, die sich in fataler Selbstverkennung als »gesund« vorkommen. Vergebung, so ist daraus zu folgern, ist in der Sicht Jesu primär Heilung in diesem die Verstörung des Menschseins von ihren Wurzeln her ergreifenden Sinn. Deshalb spricht auch alles für eine Neubestimmung des Christentums. Galt dieses bisher vor allem als eine Religion des Opfers und der Sühne, so klärt sich heute im theologischen ebenso wie im interreligiösen Disput, daß es im Unterschied zum Buddhismus gerade nicht als eine asketische, sondern als eine therapeutische und mystische Religion begriffen werden muß. Und diese Erkenntnis liegt so sehr in der Konsequenz des von Jesus entdeckten Gottes, daß sie dem Glaubensbewußtsein des Kirchenvolkes nicht länger vorenthalten werden darf.

## *Auferstehung des Fleisches und ewiges Leben*

Mit dem letzten Artikel bekennt sich das Apostolikum aufs nachdrücklichste zu seiner biblischen Herkunft. Mit ihm widersetzt es sich aber auch auf eine geradezu herausfordernde Weise der noch immer vom platonischen Dualismus bestimmten Denkweise, die zwischen Leib und Seele in einer Weise trennt, daß ein »seelisches Fortleben« nach dem leiblichen Tod denkbar wird. Wer dagegen von der »Auferstehung des Fleisches« spricht, begreift den Menschen mit der Bibel als eine Lebenseinheit von Geist und Leib, die in der »Seele« ihr Personzentrum hat. Ein Fortleben nach dem Tod ist dann nur in der Form denkbar, daß dieses Personzentrum von der göttlichen Lebensfülle aufgefangen und in sie aufgenommen wird. Zu ihrer Vollwirklichkeit gelangt eine solche Fortexistenz jedoch erst mit der »Auferstehung des Fleisches«, die sich so als die menschliche Perspektive der endzeitlichen Vollendung der Welt darstellt.

### Die Verwandlung

Wenn Gott in seiner Machtvollkommenheit das Ende der Zeiten dadurch herbeiführt, daß er die Welt ihren eigengesetzlichen Abläufen und damit dem Sog der Negativität entreißt, um sie in seinem Sinn zu vollenden, wird auch der Mensch in seine leib-geistige Vollwirklichkeit eingesetzt. Insofern bezieht sich der Artikel auf die von Paulus im Dialog mit der Gemeinde von Korinth aufgeworfene Frage:

*Wie werden die Toten auferweckt? In welcher Leiblichkeit erscheinen sie? (1 Kor 15,35)*

In seiner Antwort zieht der Apostel einen denkbar scharfen Trennungsstrich zwischen der empirischen und der pneumatischen Leiblichkeit, die sich von jener wie das Sternenlicht vom Sonnenschein und wie die ausgereifte Pflanze vom Samenkorn unterscheidet (15,37. 41). Denn »gesät wird in Verweslichkeit, auferweckt in Unverweslichkeit; gesät wird in Unscheinbarkeit, auferweckt in Herrlichkeit; gesät wird in Schwachheit, auferweckt in Kraft« (15,42f.). Dabei steht ihm insgeheim die Differenz von Kreuz und Auferstehung Jesu vor Augen, die jeden Analogieschluß verbietet.

Was am Ende der Zeiten wirksam wird, ist dieselbe, jetzt nur zum universalen Weltgesetz erhobene Gottesmacht, die den Gekreuzigten von den Toten erweckte. Deshalb tragen die durch seine Stimme zum ewigen Leben Gerufenen seine Signatur (Joh 5,25). Gleich ihm, dem Auferstandenen, sind sie ungeachtet ihrer nachwirkenden Eingebundenheit in das raum-zeitliche Koordinatensystem, dem Gesetz von Raum und Zeit überhoben. Nur darf man bei diesem Rückschluß nicht übersehen, daß die Szenen, die von einer Schau- und Greifbarkeit des Auferstandenen sprechen, lediglich verdeutlichende Bilder für die Tatsächlichkeit seiner Auferstehung sind und deshalb keine Auskünfte über seine Existenzweise geben. Dasselbe sagt Paulus, wenn er die Frage nach der Seinsweise der Auferweckten zunächst mit dem Satz zurückweist: »Du Tor! Was du säst, wird nicht lebendig, wenn es nicht zuerst gestorben ist« (15,36), um sie dann – offensichtlich unter dem Eindruck ihrer Unabweislichkeit – doch im angegebenen Sinn zu beantworten.

**Die Gemeinschaft**

Seinem Ziel und Ende strebt das Bekenntnis in einem Dreischritt entgegen. Bevor es sich zur Vision des ewigen Lebens steigert, spricht es von der Communio Sanctorum, der Gemeinschaft der Heiligen. Damit erfährt die Vorstellung von der diesseitigen Glaubensgemeinschaft, der communicatio fidei, eine Weitung ins Jenseitig-Universale. Während die »Auferstehung des Fleisches« mit ihrer Betonung der wenngleich »vergeistigten« Materie an die Vollendung des Kosmos denken läßt und auf Vorstellungen hinführt, wie sie mit besonderer Intensität TEILHARD DE CHARDIN entwikkelte, verweist die »Gemeinschaft der Heiligen« in die soziale Perspektive der Vollendung. Damit wird das Bekenntnis der Verzweigung des Weltbegriffs im neuzeitlichen Denken gerecht. Denn mit GIAMBATTISTA VICO wandte sich das Interesse, das zuvor hauptsächlich dem astro-physikalischen Universum gegolten hatte, zunehmend dem »ganz gewiß vom Menschen gemachten« mondo civile, der gesellschaftlichen Menschenwelt zu, und dies mit so starker Nachwirkung, daß noch nicht einmal die Mondlandung eine Rückwendung zur ursprünglichen Perspektive herbeizuführen vermochte.

Inspiriert ist die Vorstellung von der des Gottesreiches und damit vom Zentralgedanken der Verkündigung Jesu, sofern damit eine alternative, auf das Prinzip Liebe gegründete Sozialordnung gemeint war. Dem entspricht das von der Apostelgeschichte entworfene Bild der jungen Kirche, wonach die Gemeinschaft der Gläubigen »ein Herz und eine Seele« war (4,32), geeint durch Kult, Gebet und Lehre, vor allem aber durch den ihr pneumatisch und sakramental gegenwärtigen Christus. So stehen am Anfang des Begriffs eher die einigenden Faktoren, während er sich in der Folge mehr auf die durch die communio Geeinten bezieht. Nun umgriff er, zusammen mit den in der Glaubens- und Kirchengemeinschaft Stehenden, die Erlösten aller Zeiten, sogar die Engel und Heiligen, die mit der diesseitigen Glaubensgemeinschaft in einer vielfachen Wechselbeziehung stehen. Dem griff Paulus vor, als er sich in seinem Römerbrief zur Überzeugung von einer mystischen Zusammengehörigkeit der vielen bekannte:

> *Keiner von uns lebt für sich selbst, und keiner stirbt für sich selbst. Leben wir, so leben wir für den Herrn; sterben wir, so sterben wir für den Herrn. Ob wir leben oder sterben: Stets gehören wir dem Herrn (Röm 14,7f.).*

Es ist jenes Bewußtsein einer übergreifenden Interaktion der Glaubenden, dem GUARDINI mit dem eingangs (Seite 24) angeführten Wort aus seiner »Existenz des Christen« Ausdruck verlieh und das im selben Maß an Überzeugungskraft gewinnen wird, wie sich im Verfall des subjektbetonten Herrschaftswissens der Sinn für die Vorgegebenheiten des Daseins, insbesondere aber für die vielfache Entgegenkunft beim religiösen Lebensvollzug durchzusetzen beginnt. Denn glauben heißt nicht zuletzt: auf die Impulse achten, die uns glauben heißen und glauben helfen.

## Die Einung

Dem trug TEILHARD DE CHARDIN mit dem visionären Gedanken von der endzeitlichen Koinzidenz aller Dinge Rechnung, die er mit dem Bild von ihrem Zusammenfall im Punkt Omega verdeutlichte. Er versteht darunter den endzeitlichen Konvergenzpunkt allen Seins und Geschehens, an dem der als kosmisches Gestaltprinzip gedeutete Christus dem Schmerz der Trennung, der Ferne und der Andersheit ein Ende setzt, weil er Evolution und Geschichte in sich definitiv zur Einheit führt. Dann gilt, wie NOVALIS in seinen »Hymnen an die Nacht« dichtete:

*Die Lieb' ist freigegeben,*
*Und keine Trennung mehr.*
*Es wogt das volle Leben*
*Wie ein unendlich Meer.*
*Nur eine Nacht der Wonne –*
*Ein ewiges Gedicht –*
*Und unser aller Sonne*
*Ist Gottes Angesicht.*

Für separate Zustände, die den Ausschluß aus dieser Gemeinschaft der Erlösten besagen, ist in einer solchen Vorstellung kein Raum. Und davon ist auch in den beiden Bekenntnisformeln, dem apostolischen wie dem liturgischen Credo, nicht die Rede. Nachtrauern wird dem nur der, der die Hoffnung auf seine eigene Seligkeit an die Bedingung der Verwerfung anderer knüpft, wie dies, beginnend mit TERTULLIAN, in der Glaubensgeschichte nur zu oft geschah. Wer in solcher ressentimenthaften Weise hofft, setzt sich allerdings in Widerspruch zu dem Gott, der alles Menschenmaß so weit übersteigt, daß Jesus von ihm sagen kann, er sei sogar gütig gegen die Undankbaren und Bösen (Lk 6,35).

Dieses allzu geometrisch wirkende Konstrukt bedarf freilich der biblischen Rechtfertigung und Korrektur, auch wenn diese ihrerseits im Vokabular einer visionären Bildsprache verbleibt. Auch hier, in der Schlußszene der Apokalypse, erscheint das Ende, veranschaulicht in der als hochzeitlich geschmückte »Braut« vom Himmel herabsteigenden Gottesstadt und in der Ankündigung eines »neuen Himmels und einer neuen Erde«, im Bild einer allumfassenden Synthese. Hier wird aber auch das unermeßliche Leiden, das die Menschheit auf ihrem Geschichtsweg durchschritt, nicht überspielt, sondern in Form einer ergreifenden Geste bewältigt:

> *Und ich hörte eine mächtige Stimme vom Thron her rufen: Seht, die Wohnstätte Gottes unter den Menschen! Er wird bei ihnen wohnen, und sie werden seine Völker sein, und er, Gott, wird bei ihnen sein. Und er wird alle Tränen von ihren Augen abwaschen, und der Tod wird nicht mehr sein, weder Leid noch Jammer noch Mühsal; denn das Frühere ist vergangen. Und der, der auf dem Throne saß, sprach: Seht, ich mache alles neu! (21,3ff.)*

## Das reine Ja

Während sich das Bekenntnis zur Auferstehung des Fleisches an tief eingewurzelten Gegenvorstellungen stößt, ist der Schlußsatz vom ewigen Leben auf einen rein affirmativen Ton gestimmt. Nie ist dieser entschiedener aufgenommen und großartiger gestaltet worden als in der Credo-Fuge von BEETHOVENS Missa solemnis. Auf ihrem Höhepunkt lösen sich die Stimmen buchstäblich von ihren Trägern ab, um eigengesetzlich in sich zu kreisen. So beschreibt sie akustisch das Bild von der gewaltigen Himmelsrose, in welchem DANTE den von den Scharen der Seligen durchschwärmten Himmel erblickt. Im Anschluß an das Heidegger-Wort »die Sprache spricht« könnte man von dieser Stelle sagen, daß sich in ihr das Credo zu sich selbst bekennt. Das aber vollbringt es, indem es das höchste Hoffnungsziel der Menschheit, das ewige Leben, enthüllt. Es erreicht sein Ziel, indem es Hoffnung weckt.

Dem hatte Paulus in seiner schon wiederholt angesprochenen Vision des Weltendes (1 Kor 15,28) längst Bahn gebrochen. Um sie in diesem Zusammenhang zur Sprache zu bringen, muß die »Unterwerfung« des Sohnes unter den, der ihm alle Gegner und Mächte unterworfen hat, nur auf seine einzigartige Identifikation bezogen und aus ihr begriffen werden. Wenn er sich jetzt, am Ziel der Zeiten, dem allherrschenden Gott unterwirft, dann so – und nur so –, wie er seit Urbeginn Gott »zugewandt« ist (Joh 1,1), und das besagt, daß die Unterwerfung seiner vollkommenen Selbstübereignung an den Vater gleichkommt. Sie aber ist zugleich der Weg, auf dem er – gegensinnig zum allgemein menschlichen – zu sich selbst kommt und seine Identität erlangt. Denn diese ist aus der Hingabe geschöpft, nicht aus der abgrenzenden Selbstbehauptung. Wenn Paulus das Ziel mit dem Wort »Gott alles und in allem« umschreibt, ist damit überdies gesagt, daß in diese endzeitliche Selbstidentifikation des Sohnes alle eingeschlossen sind, deren er sich in seiner Liebe annahm und die sich ihm in Glaube und Liebe zuwandten. Und von der Allgewalt dieser erlösenden End-Integration werden sogar jene wie von einem Feuerbrand ergriffen, die ihm anstatt mit dem Gold und Silber dankbarer Zustimmung mit dem Heu oder Stroh selbstsüchtiger Interessen begegnen. Sie alle bezieht er ein in diesen umfassenden Identifikationsakt und nimmt sie auf in seine alles, was jemals geleistet und gelitten wurde, einbegreifende Hingabe an Gott, in der sich der Sinn allen Seins und Sehnens erfüllt.

So wirft das Apostolikum am Ende das Ja, das der Glaubende in ihm gesprochen hatte, wie ein Echo zu ihm zurück, so daß er sich nun selbst bestätigt und zu seiner höchsten, auf die Ewigkeit ausgreifenden Hoffnung ermächtigt sieht. Glaubend findet er wesentlicher zu sich selbst. Glaubend gewinnt er nicht nur Einblick in die verborgene Gotteswelt; vielmehr wird er auch seiner selbst auf neue Weise ansichtig und gewiß. Nur scheinbar führte ihn der Glaube von sich selber weg; vielmehr erweist er sich mit einem jeden seiner Schritte deutlicher als der Königsweg der Sinn- und Selbstfindung. Wer glaubt, weiß mehr; er sieht weiter; er hat mehr vom Leben.

ZWEITER TEIL

# DAS VATERUNSER

# EINSTIEG

## *Die Anrufung*

Wenn der Sprecher des Bekenntnisses den Lebensweg Jesu, beginnend mit seiner Herkunft aus Gott bis hin zu seiner allumgreifenden Hingabe an ihn, durchmessen hat, vollzog sich an ihm eine Verwandlung. Er ist nicht mehr derselbe wie zu Beginn seiner Worte. Denn er durchschritt den Weg einer Nachfolge, die ihn seinem Anführer und Wegbereiter angestaltet. Von diesem Weg gilt seine Zusicherung: »Ich bin die Tür«; »ich bin der Weg« (Joh 10,8f.; 14,6). Wer diese Tür durchschreitet und diesen Weg betritt, gerät in das Kraftfeld dessen, der in seinen Ich-bin-Worten alle sprachliche Nennkraft durchbricht, um sich in seiner Geistes-Gegenwart zu erweisen. Infolge dessen strahlt das Glaubensbekenntnis ermächtigend und inspirierend auf seinen Sprecher zurück, so daß er sich bewogen fühlt, es Jesus in dessen zentraler Lebensleistung gleichzutun. Darin ist es zuinnerst begründet, daß beim Taufakt auf die »redditio symboli«, die »Wiedergabe« des im Katechumenenunterricht erlernten Glaubensbekenntnisses, das Vaterunser folgt. Nach den Apostolischen Konstitutionen, einer altchristlichen Sammlung kanonistischer und liturgischer Vorschriften und Gebetsformeln, bildet das Gebet des Herrn den Abschluß des Taufaktes, das der Getaufte stehend verrichten soll (VII, c45). So stehen Glaubensbekenntnis und Vaterunser auch von der Liturgie her in einem organischen Zusammenhang. Das Bekenntnis mündet im Gebet des Herrn aus, so wie dieses das Bekenntnis, auch wenn es nicht formell gesprochen wird, voraussetzt.

### Das Sohnesbewußtsein

Wenn man nach dem dem Vaterunser zukommenden »Sitz im Leben« sucht, besteht dieser nach Auskunft der ältesten Zeugnisse zweifellos in der Gotteskindschaft, zu welcher der Glaubende in der Taufe »wiedergeboren« wird. Mit ihr gibt Jesus sein Sohnesverhältnis zum Vater an die Seinen weiter, genauer noch: nimmt er sie in dieses Verhältnis auf. So und nur so sind sie befähigt, Gott gleich ihm mit dem kindlichen »Abba – Vater!« anzurufen.

In diesem Zusammenhang gibt das von den Apostolischen Konstitutionen überlieferte Glaubensbekenntnis – eine erweiterte Fassung des Apostolikums – einen bedeutsamen Fingerzeig. Es unterscheidet sich vom apostolischen wie liturgischen Credo durch den Hinweis, daß Jesus »ein heiliges Leben nach der Weisung seines Gottes und Vaters« geführt habe, daß es also anders als die beiden Vergleichstexte auf die Lebensleistung Jesu eingeht. Damit verstärkt sich der ohnehin schon bestehende Erwartungsdruck, der in die Frage ausmündet: Wie kam Jesus zu seinem Sohnesbewußtsein? Was bewog ihn, als erster der Frömmigkeitsgeschichte Gott im Vollsinn dieses Ausdrucks »Vater« zu nennen und mit dem Vaternamen anzurufen?

Wie alle großen Innovationen stützt sich auch diese

auf Vorleistungen, die von ihr verarbeitet, in sie geradezu »umgeschmolzen« werden. So ist die Vateranrede an Gott schon im Umfeld der jüdischen Frömmigkeit weit verbreitet, wobei in der Gebetskultur Israels zunächst eine distanzierende Zurückhaltung festzustellen ist, die dann allerdings bei Jesaja mit dem Ruf »du bist doch unser Vater!« (63,16) durchbrochen wird. In den Psalmen erhebt sich der Beter dann vollends zu der Anrede »du bist unser Vater« (89,27). Bei aller Entsprechung hat die Aneignung des Rufes durch Jesus jedoch eine völlig neue Qualität, weil er mit ihm seine Revolutionierung des überkommenen Gottesbildes und sein einzigartiges Gottesverhältnis zum Ausdruck bringt. Wie kommt dieses Verhältnis zustande?

## Das Gebet Jesu

In der Beantwortung der Frage stehen sich zwei Lösungsversuche gegenüber. Ein erster, der mit FERDINAND HAHN das Sohnesbewußtsein Jesu aus eben dieser Abba-Anrufung herleitet, und ein zweiter, der mit PAUL HOFFMANN seine Wurzeln im Titel »Menschensohn« vermutet. Da die Herleitung in beiden Fällen auf Schwierigkeiten stößt, legt sich eine dritte nahe, die vom Beten Jesu ausgeht. Daß Jesus ein großer Beter war, wird von den Evangelien dadurch unterstrichen, daß sie ihn ganze Nächte im Gebet verbringen (Mk 1,35) und entscheidende Ereignisse seines Lebens, angefangen von der Taufe (Lk 3,21) und der Verklärung (9,29) bis hin zu seinem Ringen in Getsemani (Mt 26,36), betend erleben lassen. Über den Inhalt seines Betens aber gibt zweifellos das Modellgebet Auskunft, das er (nach Lk 11,1 ff.) seine

Jünger lehrte. Zwar bezieht sich dieses in seiner zweiten Hälfte auf deren Sorgen und Nöte, in der ersten jedoch auf Anliegen, die vor allem seine eigenen waren. Mit Jeremia, dem ihm am nächsten Stehenden aus der Reihe der alttestamentlichen Propheten, konnte er von sich sagen:

> *Fanden sich Worte von dir, so verschlang ich sie. Dein Wort war mir Speise und Herzensfreude; denn dein Name war über mir ausgerufen, Herr, Gott Zebaoth (Jer 15,16).*

Damit erwies sich die Ausrufung des göttlichen Namens über die Welt und deren Beanspruchung für die rettende Herablassung und Herrschaft Gottes als das elementare Lebensziel Jesu, das als solches auch den Inhalt seines Betens bestimmte.

Indessen schloß die erste Bitte bereits die zweite ein. Durch den Tod des Täufers sah sich Jesus an dessen Verkündigung verwiesen, die in der Proklamation des als Anbruch des Endgerichts verstandenen Gottesreiches gipfelte (Mt 3,2). Sofern er die dem Täufer entglittene Fackel aufgriff und durch seine Verkündigung neu zum Leuchten brachte, übernahm er mit der Aufgabe auch deren Thema: den Reich-Gottes-Gedanken. Für ihn, den Gottessohn, war dieser aber nur das Gefäß, das mit dem »neuen Wein« seines Sohnesbewußtseins gefüllt werden mußte. Wenn irgendwo, stieß Jesus hier auf das Medium, durch das er das, worin ihn die Himmelsstimme bestätigt hatte, an die Menschen weiterzugeben suchte. Was er für Gott und die Menschheit war, gewann im Gottesreich hörbare, sichtbare und real-greifbare Gestalt. Es ist der in das Weltgeschehen eingreifende Gott, der sich der

Menschheit übereignende Gottessohn und, in beidem, die sich im Glauben und Handeln der Seinen verwirklichende Sozialutopie Jesu.

## Der Auftrag

Wenn man von Paulus behaupten kann, daß er den Leitgedanken Jesu »auf den Begriff brachte«, als er anstatt Reich Gottes »Freiheit« sagte, muß man ORIGENES, dem größten Denker der alten Kirche, zugestehen, daß er seine innerste Mitte zum Vorschein brachte, als er Jesus das Gottesreich in Person, die »autobasileia«, nannte. Denn so, wie er beim Anruf der Himmelsstimme zu seinem ewigen Sohnes- und Selbstsein erwachte, sah sich Jesus in dem ihm aufgegebenen Gottesreich gespiegelt, so daß es für ihn zum Inbegriff seiner Selbstfindung und Sendung wurde. Gleichzeitig blieb es aber der an ihn ergangene Auftrag und als das ihm zugesprochene »Wort« Inbegriff der Selbstmitteilung Gottes an ihn. Deshalb war das Gottesreich für ihn stets beides: sein Selbstentwurf in die gottentfremdete Welt hinein und als solcher das Prinzip ihrer Neugestaltung im Sinn der messianischen Heilsverheißung – das Reich der überwundenen Feindschaft, der wiedergewonnenen Menschlichkeit und der wiederhergestellten Gerechtigkeit, das Reich des Friedens und der Liebe; nicht weniger aber auch die leibhaftige Metapher seiner Gottesbotschaft und die soziale Konsequenz des von ihm gestifteten Glaubens. Von hier aus fällt nochmals Licht auf die Selbstidentifikation Jesu, die sich nach alledem auf einem gegensinnigen Weg zum üblichen vollzog. Besteht dieser im Regelfall in der Abgrenzung und Selbstunterscheidung des Ich von anderem und anderen, so in seinem Fall in der Hingabe und Übereignung an sie. Nur so entspricht das der Art, wie ihm das Gottesreich zugeeignet worden war. Mit seiner Selbstübereignung gehorcht und folgt er dem Vorgang des Empfangs. Hierin nimmt die Beobachtung KIERKEGAARDS ihren Ausgang, daß im Fall Jesu zwischen Person und Wirkung nicht voll unterschieden werden kann, weil er in seine Gewährungen substantiell eingeht und sich so in seinen Gaben selber gibt. Das sagt die »Einübung in das Christentum« mit dem Schlüsselsatz: »Der Helfer ist die Hilfe«.

**Das Gottesverhältnis**

Da Jesus mit dem Gottesreich die Sache Gottes übernimmt und sich zu eigen macht, gewinnt sein Gottesverhältnis eine neue, alle bekannten Beziehungen überbietende Dimension. Gott erkennt und findet sich in ihm. Zwischen beiden entsteht damit jene Intimität, die AUGUSTIN auf die Formel brachte:

*Erfreue dich meiner in dir; erkenne dich in mir!*

Damit erneuerte Augustin jedoch nur den Inthronisationsspruch eines alttestamentlichen Königspsalms, der jetzt in ungeahnter Bedeutung auf Jesus zutraf:

*Mein Sohn bist du; heute habe ich dich gezeugt (Ps 2,7).*

Nicht umsonst geben einige Textzeugen die Himmelsstimme bei der Taufe Jesu mit diesem Psalmvers wieder, während sie ihn der Hauptüberlieferung zufolge zum Bewußtsein seiner Gottessohnschaft erweckt (Mk 1,11).

Damit gewann der Sachbegriff »Reich Gottes« ein personales Antlitz und den Charakter einer dialogischen Zusage. Denn mit ihr antwortete die Himmelsstimme definitiv auf die Frage, mit welcher Jesus wie jeder nach dem Sinn seines Daseins Suchende angetreten war, die aber jetzt, zu Beginn seines öffentlichen Wirkens, eine letzte Dringlichkeit gewann, auf die Frage »wer bin ich?«. Eine größere, beseligendere und bedeutungsvollere Antwort war nicht denkbar. Mit ihr neigte sich der Himmel zu Jesus herab, um ihn in sich aufzunehmen. Mit ihr empfing er die höchste Autorisierung als Künder und Täter des Gottesreiches. Mit ihr gewann er die höchste Kompetenz für sein Wirken. Und dieses bestand, wie sich nunmehr zeigt, in dem unablässigen und stets neu ansetzenden Versuch, das Glück seiner Sohnschaft, vermittelt durch seine Wort- und Wundertätigkeit, an die Menschheit weiterzugeben. Was auf diesem Weg entsteht, ist eine Ausschließlichkeit, die, weil sie im Absoluten gründet, die ganze Welt in sich einschließt. Das bestätigen die beiden Großevangelien, wenn sie Jesus im Sinn eines Weisheitsspruchs von sich sagen lassen:

> *Alles ist mir von meinem Vater übergeben; niemand kennt den Sohn als nur der Vater, und niemand kennt den Vater als nur der Sohn und wem es der Sohn offenbaren will.*

Nicht als wäre Jesus dadurch ein anderer geworden, als er bisher war. Denn das »Heute« des Gottesspruches erklingt zwar in einem geschichtlichen Augenblick; doch ist es das ewige Heute Gottes. Was sich wandelt, ist nicht das Selbstsein Jesu, wohl aber das Medium, durch das er sich mitteilt und die Welt für Gott in Anspruch nimmt: der Begriff des Gottesreiches. War dieser ursprünglich ein Synonym für das in und mit ihm anbrechende Gottesgericht, so gewinnt es jetzt die Signatur dessen, der er es dem Origenes-Wort zufolge darstellt und verkörpert. Getragen von dem Lebensgesetz dessen, der in Akten der Hingabe und Selbstübereignung zu sich findet, wird es zum Inbegriff der Erbarmung, der Toleranz, der Geduld, der Solidarität, der getätigten und erfahrenen Liebe. Wo dieses Reich Gestalt gewinnt, verschwinden die Pressionen und Zwänge, tritt an die Stelle von Mißtrauen und Mißgunst das Einvernehmen jener, die sich in diesem Reich angenommen, bestätigt und geborgen fühlen, entsteht ein Raum des Aufatmens und des Friedens. Das bestätigt Jesus mit dem von KIERKEGAARD ins Zentrum seiner Interpretation gestellten Ruf der großen Einladung:

*Her zu mir, ihr Bedrückten und Bedrängten:*
*Ich will euch aufatmen lassen!*

Was hier im Stil der Sachaussage »vom Vater übergeben« ausgedrückt wird, hat eine dialogische Anrede zur Voraussetzung: die Antwort Jesu auf die Zusage »du bist mein geliebter Sohn«, die nur »Abba – Vater« lauten konnte. Sie hat eine von der religionsgeschichtlichen Vater-Anrede grundverschiedene Qualität, die sich zunächst schon aus dem mit der Zusage gegebenen Liebeserweis erklärt. Seine Anrufung Gottes als Vater war in erster Linie nicht von Ehrfurcht, sondern von der Gegenliebe des vom göttlichen Liebeserweis Ergriffenen eingegeben. Mit ihr ließ Jesus das Stadium der Heteronomie, in dem sich die Religionsgeschichte zuvor – bis auf partielle Ausnahmen in der Frömmigkeit Israels – bewegt hatte, hinter sich. Mit ihr führte er den Glauben der Menschheit auf eine höhere Stufe. Mit ihr brach er einem neuen Gottesverhältnis Bahn. Denn mit der Vater-Anrede war die Mauer der göttlichen Verborgenheit durchbrochen, der Abgrund der Gottesferne überbrückt und Zugang zum Herzen Gottes gewonnen. Alles lag für ihn nun daran, die Seinen diese Anrede mitsprechen zu lassen, weil sie nur so die von ihm eröffnete Bahn betreten und das damit erschlossene Gottesverhältnis aufnehmen konnten. Deshalb schuf er für sie das Modellgebet, das Vaterunser.

## Die Urgestalt

Das Vaterunser ist in zwei Fassungen überliefert: in der von der gesamten Christenheit übernommenen und unablässig gebeteten Version des Matthäus-Evangelisten, die ebenso in der Didache (8,2) überliefert ist, und in der kürzeren des Lukas-Evangeliums.

Der Vergleich der beiden Fassungen fällt zugunsten der von Lukas (11,2ff.) überlieferten kürzeren aus, obwohl »in den Einzelaussagen Matthäus den Vorzug verdient« (GRUNDMANN). Zur gleichen Folgerung führt auch der Vergleich der unterschiedlichen Fassungen der die Bergpredigt Jesu eröffnenden Seligpreisungen. Auch hier spricht das dialogisch zustoßende »Selig ihr Armen, euch gehört das Gottesreich!« (Lk 6,20) für die größere Nähe der lukanischen Version zur Urgestalt dieser Heilsrufe. Demgegenüber wird in der versachlichenden Version des Matthäus-Evangelisten eine Tendenz zur Absicherung gegenüber sozialkritischer Mißdeutung sichtbar. Gleiches gilt auch hier. Während Lukas den Beter die

Abba-Anrufung Jesu übernehmen und ohne Einschränkung nachsprechen läßt, grenzt Matthäus schon in der Anrede zweifach ab: durch das »unser« mit der Tendenz, die menschliche Anrede, wie dies gleicherweise dann auch in der Ostererzählung des Johannesevangeliums geschieht (20,17), von dem nur Jesus zukommenden Gottesverhältnis abzuheben, und durch den Zusatz »im Himmel«, der gleichfalls die Distanz des Angerufenen vom Beter betont. Daß der im Himmel Wohnende dennoch dem Beter und seinen Anliegen nicht ferngerückt wird, ist Absicht des Ausklangs der dritten Bitte »wie im Himmel so auf Erden«, die die ersten Anrufungen gleichzeitig zu einer Dreiergruppe vervollständigt.

Während bei den nächsten Bitten Matthäus die größere Ursprungsnähe aufweist (BORNKAMM), ist in der Frage des Ausklangs Lukas der Vorzug zu geben; denn bei ihm endet das Gebet mit einem Aufschrei, der dem Ganzen den Charakter eines »De profundis« verleiht und so seine Dringlichkeit glaubhaft macht, während der Matthäus-Schluß »sondern erlöse uns von dem Bösen« die Schlußbitte zu einem »antithetischen Parallelismus« (GRUNDMANN) fortbildet und dadurch fühlbar abmildert. Wenn man die sich aus dem Vergleich ergebenden Beobachtungen berücksichtigt, ergibt sich folgende Urgestalt:

*Vater, geheiligt werde dein Name,*
*Es komme dein Reich,*
*Unser tägliches Brot gib uns heute,*
*Und vergib uns unsre Schuld,*
*Wie auch wir unsern Schuldnern vergeben.*
*Und führe uns nicht in Versuchung!*

# DIE BITTEN

## *Die Vater-Anrede*

Um zu ermessen, was mit der einleitenden Abba-Anrede gemeint ist, muß man auf deren »Sitz« im Leben der Urgemeinde zurückblenden. Auch wenn sich aus dem religiösen Umfeld Israels und aus dessen eigenen Zeugnissen eine ganze Reihe von Analogien nachweisen lassen, steht nach JOACHIM JEREMIAS doch fest, daß sich in der gesamten umfangreichen Gebetsliteratur des antiken Judentums nirgendwo ein Beleg für die Gottesanrede »Abba« findet, weder in liturgischen noch privaten Gebeten. Denn jedem Juden, so bestätigt GÜNTHER BORNKAMM, wäre das »Abba« als respektlos und unziemlich erschienen. Es war so sehr die Ausnahme im Munde Jesu, daß es selbst noch in der »hellenistischen Gemeinde in seiner aramäischen Urgestalt« bewahrt wurde. Mit ihm entnahm Jesus somit seinem auch sonst zu beobachtenden entsakralisierenden Verhalten entsprechend eine Formel der Alltagswelt, wie sie zwischen Kindern und ihren Vätern gebräuchlich war, um das ihm Heiligste damit zur Sprache zu bringen.

**Der gottesdienstliche Ruf**

Für die richtige Einschätzung der Abba-Anrufung kommt es nach alledem auf die Bestimmung des »Ortes« an, wo sie primär erklang. Der aber ist nach ERNST KÄSEMANN vor allem in der gottesdienstlichen Gemeindeversammlung zu suchen. Wenn das zutrifft, steht der Abba-Ruf in einer Wechselbeziehung zu dem »Maranatha«, mit dem die feiernde Gemeinde dem Erlebnis der Präsenz und inspirierenden Nähe ihres Herrn Ausdruck verlieh. Unter der Voraussetzung dieses Zusammenhangs eröffnet sich dann ein Einblick in den Lebensrhythmus solcher Gemeindefeiern. Durch die Gegenwart des Erhöhten faßten die Teilnehmer fürs erste gegenüber ihren äußeren Bedrohungen Mut, wie das exemplarisch von der Apostelgeschichte im Anschluß an das Verhör des Petrus und Johannes (4,1–22) beschrieben wird. Einmütig erhoben die Versammelten ihre Stimme zu Gott, um seinen Beistand anzuflehen:

> *Als sie gebetet hatten, erbebte der Ort, wo sie versammelt waren; alle wurden mit dem heiligen Geist erfüllt, und sie verkündeten freimütig das Wort Gottes (4,31).*

Mit dieser Ermächtigung geht jedoch eine innere »Erhebung« einher, mit der die Religiosität der Heteronomie und Furcht in Richtung auf eine neue Gottesnähe überschritten wird. Das faßt Paulus in den denkwürdigen Satz zusammen:

> *Ihr habt doch nicht den Geist der Knechtschaft empfangen, so daß ihr euch aufs neue fürchten müßtet.*

*Vielmehr habt ihr den Geist der Sohnschaft empfangen, in dem wir rufen: Abba – Vater! (Röm 8,15)*

Wenn man sich vergegenwärtigt, daß Angst und Furcht den Eindruck der Enge und Unausweichlichkeit hervorrufen, steht am Anfang des von Paulus beschriebenen Vorgangs ein Erlebnis umfassender Freigabe und Freiheit. Die beengenden Fesseln, die den Beter auf den Stand der Knechtschaft niederzwangen, fallen von ihm ab. Gleichzeitig zeigt sich, daß diese Freiheit mehr ist als die der gesprengten Fesseln, also mehr als Emanzipation. Es ist vielmehr die Freisetzung zu neuen Werdemöglichkeiten, in erster Linie zum Ziel der Gotteskindschaft. Zu diesem Ziel fühlt sich die Gemeinde durch die Gegenwart ihres Herrn entrückt. Er erhebt sie auf seinen eigenen Stand als Gottessohn. Paulus registriert an anderer Stelle (1 Kor 14,6ff.), daß sich dessen Erreichung zunächst in unartikuliertem Lallen bekundete. Dann aber geschieht das, was im Menschenleben Anlaß größter elterlicher Freude ist: wenn ein Kind sein erstes Wort, meist seine Anrede an Mutter oder Vater, über die Lippen bringt: Die Beter stimmen in den Anruf ein, mit dem Jesus den Himmel des neuen Gottes erschloß: »Abba – Vater!«

**Das Erbe**

Wenn Paulus dem hinzufügt: »Sind wir aber Kinder, dann auch Erben: Erben Gottes und Miterben Christi«, schlägt er insgeheim die Brücke zum Beten Jesu, von dem sich zeigte, daß sein zentrales Anliegen in der Herbeiführung des Gottesreiches bestand. Was Gott denen als Erbe gewährt, die ihn mit dem Vaternamen anrufen, ist zweifellos dasselbe, das Gottesreich. Denn sie sind jene »Armen«, denen Jesus in der ersten seiner Seligpreisungen den Besitz des Gottesreiches zuspricht. Mit der Anrufung Gottes als Vater haben die Beter das Herz Gottes erschlossen und buchstäblich zum »Überfließen« gebracht. Als erste und kostbarste seiner Gaben aber eignet er ihnen sein Reich zu. Sie sind dessen erstberufene Bürger. Und ihre Bürgerschaft wird sich darin zu bestätigen haben, daß sie sich solcher Berufung bewußt werden und alles daran setzen, daß dort, wo Haß, Gewalt und Unterdrückung das Antlitz der Erde verunstalten, die Sonne der göttlichen Liebe aufgeht.

Doch Jesus ist ein viel zu nüchterner Realist, als daß er sich das Kommen des Reiches als reinen Einbruch von oben vorstellen würde. Mit ihm muß vielmehr hier und heute ein Anfang, und zwar ein Anfang von und durch Menschen gemacht werden. Denn wenn seine Sozialutopie Wirklichkeit werden, wenn also der Himmel auf diese leidvolle und schuldbeladene Erde herabsteigen soll, müssen zuerst die Verhärtungen aufgebrochen, die Feindschaften überwunden, die Barrieren niedergelegt werden, die sich der teilnehmenden Liebe »von oben« (GOETHE) entgegenstellen. Insofern blickt die Bitte um das Kommen des Gottesreiches schon hinüber zur zweiten Hälfte des Gebetes, wo Jesus zunächst um die Beseitigung des Hungers und der Not und damit einer der wichtigsten Ursachen menschlicher Unzufriedenheit, Aggressivität und Bosheit bitten läßt, bevor er die menschliche Vergebungsbereitschaft zur Vorbedingung der göttlichen erklärt.

## Die Logik

Wenn man sich dem Zug des Herrengebets bis hierhin überläßt, wird unversehens etwas von seiner »Logik« deutlich. Wer mit der eröffnenden Anrede Gott als seinen Vater anruft, tritt unwillkürlich in die Fußspur dessen, der für den Durchbruch zum Herzen Gottes, den er mit seiner Vater-Anrede vollzog, mit Gottes ureigener Sache, seinem Reich auf Erden, betraut wurde. Und mit dem Gottessohn zusammen weiß er sich auch für die Heraufführung des Reiches verantwortlich gemacht. Anders als der, »der von der Sünde nichts wußte« (2 Kor 5,21), muß er dabei freilich mit der eigenen Umkehr beginnen, indem er den Teufelskreis des Vergeltungsdenkens durchbricht. Gleichzeitig ist er dazu aufgefordert, sich für die Abwendung der materiellen Not einzusetzen und dadurch der »strukturellen Sünde« Einhalt zu gebieten, auf die sich das Augenmerk der Gegenwartstheologie zunehmend richtet. So ergibt sich aus der Anrufung des Vater-Gottes die Bitte um das Kommen seines Reiches und aus dieser mit gleicher Folgerichtigkeit die um das tägliche Brot und die Vergebung der Schuld. Und diese beiden Bitten münden dann schließlich konsequent in die letzte aus, die als krönendes »De profundis« das Ganze beschließt. Wenn sich all das so folgerichtig aus der Vater-Anrufung Gottes ergibt, entspricht es der Logik dieses Gebetes nicht minder, wenn es sich zunächst auf den Gottesnamen besinnt und seine Heiligung zum ersten seiner Anliegen erhebt.

## *Die Heiligung des Namens*

Wenn Jesus wie der ihm in mehreren Hinsichten nahestehende Prophet Jeremia den Namen Gottes über sich »ausgerufen« wußte, legte sich ihm die Bitte »geheiligt werde dein Name« durch sein Sohnes- und Sendungsbewußtsein unmittelbar nahe. Da er durch diese Anrufung Träger des göttlichen Wohlgefallens geworden war, mußte er das durch sein Wirken auch auf die ganze Welt übertragen. Der erste Schritt dazu aber bestand darin, daß er dieses Ziel zum Vorzugsanliegen seines Gebetes machte. Das hat einen tiefen Grund. Denn so sehr sich Jesus dafür einsetzen wird, die Sache Gottes in der von ihm abgewandten, durch ihre Tendenz zur Selbstverschließung und menschliche Frevel verunstalteten Welt zur Geltung zu bringen, liegt die Verwirklichung dieses Anliegens letztlich doch ganz bei Gott. Deshalb muß sie von ihm, bei allem Willen zur »Tätigung«, erbetet und erfleht werden.

### Das Wesen

Dabei sollte stets bedacht werden, daß für die Sprache der Bibel der Name alles andere ist als »Schall und Rauch«. Wenn Jakob dem Gegner in seinem nächtlichen Ringkampf den Namen abverlangt, forscht er nach seinem geheimnisvollen Wesen. Wenn Gott seine Offenbarung im brennenden Dornbusch mit der Nennung seines Namens krönt, gibt er sich in die Hand des Mose. Und wenn Jeremia sagt, daß der Name Gottes über ihn ausgerufen worden sei, bringt er damit zum Ausdruck, daß er sich von Gott in Anspruch und Besitz genommen weiß.

Daß Gleiches für die Welt gelte, ist die Absicht der Bitte »geheiligt werde dein Name!«. Sie geht jedoch, wie JOACHIM GNILKA meint, davon aus, daß Gott für die Menschheit noch weithin der Unbekannte und Verborgene ist, sofern er nicht geradezu verdrängt und totgesagt wird. Deshalb muß er um Erweise seiner Präsenz und Herrschaft angegangen werden, weil er allein den rettenden Wandel herbeizuführen und die Welt ins Licht seines Wesens zu tauchen vermag. Im Hintergrund der Bitte steht sogar, wie es WILHELM GRUNDMANN deutet, die prophetische Klage über die Entheiligung des göttlichen Namens durch Gottes eigenes Volk.

## Der Mund

Dem setzt der Beter, so Grundmann, die Bitte entgegen, Gott möge seinen Namen der Welt dadurch kundtun, daß »er sich Vater nennen läßt«. So gesehen weist die Bitte in einer Weise auf die Anrede zurück, daß sie geradezu als deren Übernahme erscheint. Das verleiht der Anrufung eine mystische Qualität. Mit ihr vollzieht der Beter, was er von Gott erfleht. Er nimmt, wenngleich in völliger Abhängigkeit von Gott, dessen Sache in seine Hand. Er macht sich zum Sprecher und Mund der neuen Gottesverkündigung. Doch genau so entspricht es der paulinischen Gebetslehre. Danach können wir nur beten, weil der Gottesgeist (nach Röm 8,26) unserer Schwachheit aufhilft und sich unserer Rat- und Sprachlosigkeit annimmt. Anfänglich hat dies nur die Form eines wortlosen Seufzens. Dann aber erhebt es sich (nach Röm 8,15) zum Urwort der Gotteskindschaft, zum Mitvollzug des alle Hemmungen der Heteronomie und alle Schranken der Angst durchbrechenden »Abba – Vater!« Durch kein Wort wird Gottes Name vollkommener geheiligt als durch diesen Ausdruck christlicher Mündigkeit. Er beweist, daß Gott für die Sprecher dieser Anrede kein Unbekannter, Verborgener und Ferner ist, weil sie, die Beter, sich sein höchstes Interesse, seine Selbstoffenbarung als Gott der bedingungslosen Vaterliebe zueigen gemacht haben. Was aber geschieht mit der Welt, wenn der Gottesname auf solche Weise in ihr angerufen, bekanntgemacht und über sie ausgerufen wird?

**Der Selbsterweis**

In diesem Zusammenhang gibt LUDGER SCHENKE zu bedenken, ob hier nicht genauer unterschieden werden muß. Zwar wird der Name Gottes im Vollsinn erst dann geheiligt sein, wenn die irdischen Verhältnisse dem Reich Gottes und seiner Gerechtigkeit entsprechen. Aber haben denn die Beter mit ihrer Bitte damit nicht schon den Anfang gemacht? Haben sie sich nicht in die Lage des Mose versetzt, der den ihm im brennenden Busch entgegentretenden Gott um die Mitteilung seines Namens und damit um einen Erweis seiner Selbstvergegenwärtigung bittet? Geht es ihnen nicht zunächst um eine Erfahrung seiner Gegenwart, also darum, daß er für einen beseligenden Augenblick aus dem Dunkel seiner Verborgenheit hervortritt, daß er den Schleier seiner Unnahbarkeit für sie abwirft und ihnen als der unter ihnen Gegenwärtige fühlbar wird?

Das war ihnen doch durch den zugesichert worden, den sie als das leibhaftige Medium Gottes, als sein wesensgleiches Wort und Bild erkannt hatten. Im Geheimnis seiner Todüberwindung war er für sie buchstäblich zum brennenden und doch nicht verbrennenden Busch geworden, aus dem Gottes Anruf an sie erging. Mehr noch: Er selbst war diese Stimme und der lebendige Erweis von Gottes liebender Nähe, so daß seine Gegenwart mit der göttlichen ununterscheidbar verschmolz. Ihn wußten sie bei der Feier seines Gedächtnisses in ihrer Mitte, von ihm fühlten sie sich ergriffen und inspiriert, durch ihren Mund wollte er, wie eine altchristliche Dichtung sagt, zu Wort kommen und sich den Seinen verständlich machen. Nicht umsonst verfaßte sich dieses Erlebnis in das enthusiastische »Maranatha«, mit dem sie ebenso das endzeitliche Kommen des Herrn herbeisehnten wie seine lebendig gefühlte Gegenwart bezeugten. Damit hatte für sie die Heiligung des Gottesnamens ihren Anfang genommen, noch bevor sich diese Bitte in die zweite fortsetzte.

## *Dein Reich komme!*

Wie der Beter mit der ersten Bitte in die Gottesanrufung Jesu einstimmt, macht er sich mit der zweiten den Zentralgedanken seiner Verkündigung zueigen. Denn davon sagt der älteste Bericht:

> *Nachdem Johannes ins Gefängnis geworfen worden war, durchzog Jesus das galiläische Land, verkündete die Frohbotschaft Gottes und sprach: Die Zeit ist erfüllt, das Reich Gottes ist nah, kehrt um und glaubt an die Heilsbotschaft (Mk 1,14f.).*

Zwischen dieser Proklamation und der Bitte des mitgekreuzigten Leidensgefährten »Jesus, denk an mich, wenn du mit deinem Reich kommst« (Lk 23,42), spannt sich ein weiter Bogen, der einen Großteil der Lebensleistung Jesu umfaßt. Er beginnt, wie die Erwähnung des Johannes andeutet, bei der Taufe Jesu, wenn die Himmelsstimme sein Selbst- und Sendungsbewußtsein mit der Zusage krönt: »Du bist mein geliebter Sohn« (Mk 1,11); er führt von da zur Umsetzung dieses Sohnesbewußtseins in die Reich-Gottes-Verkündigung Jesu, von da zur sprachschöpferischen Orchestrierung dieser Botschaft, vor allem in Gestalt der Gleichnisse, und zu ihrer Konkretisierung durch das Heilshandeln Jesu bis hin zu seinem Verheißungswort, daß er das Gottesreich nach seinem Tod aufs neue mit den Seinen feiern werde (Mk 12,65). So erweist sich der Reich-Gottes-Gedanke als das bestimmende Leitmotiv des Denkens, Redens und Handelns Jesu. Doch worin besteht er?

## Die Signatur

Eine aufschlußreiche Szene des Evangeliums berichtet von der an Jesus herangetragenen Bitte um nähere Auskunft über das von ihm verkündete Reich. Doch seine Antwort klingt aporetisch:

> *Das Gottesreich kommt nicht in feststellbarer Form. Man kann auch nicht sagen: Seht, es ist hier, und nicht: es ist dort. Das Reich Gottes ist vielmehr mitten unter euch (Lk 17,20).*

Damit ist die Frage nach äußeren Kriterien, mit deren Hilfe es dingfest gemacht werden könnte, verneint und alles auf das schwerbestimmbare »mitten unter euch« zurückgenommen. Nicht umsonst spricht Jesus, wenngleich an einer zweifellos nachgestalteten Stelle, vom »Geheimnis des Gottesreichs« (Mk 4,11). Damit rückt das Reich, wie schon sein voller Name sagt, an Gott selbst heran. Es ist nichts anderes als »seine Sache«. Bei diesem Reich geht es um sein ureigenes Interesse, und das besagt, wie schon die vorangehende Bitte zeigte, um die Heiligung seines Namens. Aber auch, wie die von Matthäus angeschlossene Bitte sagt, um die Verwirklichung seines Willens. Da aber beides nur Synonyme seiner selbst sind, geht es in diesem Reich zuerst und zuletzt um ihn, um seine sichtbare, fühlbare, machtvolle Präsenz in der Welt und um deren Umgestaltung nach seinem Lebensstil. Mit dem Wort »Geheimnis« wird das alles aber zugleich zurückgenommen, der Ordnung des Faktischen und Feststellbaren ebenso wie der des Machbaren entrückt. Wenn es Gestalt gewinnt, dann nicht, weil es »ins Werk gesetzt« wurde, sondern weil es »kommt«.

### Das Kommen

Mit der Bitte um das »Kommen« des Reiches gibt das Vaterunser einen wichtigen Fingerzeig. Denn damit wendet es eine vor allem von Personen gebrauchte Redewendung auf das Gottesreich an. Das bestätigt zunächst jene enge Beziehung Jesu zum Gottesreich, die ORIGENES den Grad einer Identität erreichen sah. Eben dadurch betont es zum andern, daß die Verwirklichung, also der Anbruch des Gottesreiches den Charakter einer »Heraufkunft« hat, wie er im Grunde nur von Personen ausgesagt werden kann. Jetzt wird auch klar, weshalb um das »Kommen« des Reiches gebetet werden kann und warum Jesus dies den Seinen zur Auflage macht. Der Grund: weil das Reich in ihm sein innerstes Formgesetz hat. Aus demselben Grund kann die Bitte aber auch auf Jesus selbst bezogen werden. Dann erscheint das Reich als der Raum und die gesellschaftlich-politische Bedingung seines eigenen Kommens. Doch diesem stehen Barrieren entgegen, solange sich die Welt, wie es ihrer Eigengesetzlichkeit naheliegt, selbstherrlich in sich verschließt. Sie würden sinken, wenn mit dem Gottesreich jene Gestaltprinzipien Einzug hielten, die mehr vom Sein als vom Haben, mehr vom Helfen als vom Herrschen und mehr vom Glauben als vom Wissen, zumal in seiner Gestalt als Herrschaftswissen, erwarten. Denn damit gewänne derjenige an Präsenz, Geltung und Einfluß, der im selben Atemzug, wie er das Gottesreich ansagte, zur Umkehr aufrief, und zwar ebenso zur Umkehr des Denkens wie der Gesinnung und des Tuns.

### Der Einsatz

Damit wird der aktive Einsatz keineswegs entbehrlich. Vielmehr ist das Kommen des Reiches entscheidend an die menschliche Mitwirkung gebunden. Christliches Ethos ist, wie im vorigen Jahrhundert vor allem HIRSCHER und KÄHLER erkannten, primär Ethik des Gottesreiches. Darauf hob ALEXANDER RÜSTOW ab, als er das Jesuswort »es ist in eurer Mitte« mit »es ist in eure Hand gelegt« übersetzte. Angesichts der Tatsache, daß Jesus weit mehr vom Gottesreich als von Gott selber sprach, wird man sogar folgern dürfen, daß sich seine Forderung, Gott aus ganzem Herzen, aus ganzer Seele und mit dem Aufgebot der ganzen Kraft zu lieben, gleicherweise auf den Einsatz für das Gottesreich bezieht. Nur darf eine solche Aktivität ihr Ziel nicht herbeiführen, geschweige denn herbeizwingen wollen. Das war der verhängnisvolle Irrtum derer, die ein Reich nationalen Glanzes und sozialer Wohlfahrt schaffen wollten und im Ergebnis statt dessen eine Hölle heraufbeschworen. Im Unterschied dazu muß sich die von Jesus erwartete Mitwirkung auf sein Wort einstimmen: »Wenn ihr alles getan habt, dann sagt: wir sind nur unnütze Knechte« (Lk 17,10). Gefordert ist somit ein Einsatz, der bei allem Engagement das Ergebnis ganz der Initiative Gottes anheimstellt. Nur so entspricht es dem eschatologischen Sinn der beiden Eingangsbitten, die bei aller Aktualität auf die endzeitliche Neugestaltung aller Dinge abzielen. Insofern liegt es ganz bei Gott, wann das Reich in seiner Vollgestalt anbricht und wie sich dann die Heiligung seines Namens gestaltet.

### Das Geheimnis

Mit einem jeden dieser Schritte verdichtet sich das Geheimnis des Gottesreiches. Wenn es sich lichten soll, muß zunächst geklärt werden, wie Jesus zu diesem Zentralmotiv seiner Botschaft kommt. Einen ersten Hinweis gibt die Erwähnung des Täufers bei dem Bericht von Jesu Auftreten in Galiläa. Er bezieht die Reich-Gottes-Verkündigung Jesu unüberhörbar auf Johannes zurück. Das verdeutlicht der Matthäusevangelist dadurch, daß er die »Urverkündigung« Jesu (4,17) im selben Wortlaut wie die Verkündigung des Täufers bietet (3,2). Freilich läßt er auch keinen Zweifel an der inhaltlichen Divergenz der beiden Proklamationen aufkommen. Denn auf die besorgte Frage, ob er tatsächlich »der Kommende« sei oder nicht wieder nur ein Vorbote, antwortet Jesus mit dem Hinweis auf sein Heilshandeln, das der von ihm heraufgeführten Stunde des Erbarmens und des Aufatmens entspricht und mit der Seligpreisung dessen, der daran keinen Anstoß nimmt (11,2–6). Im Vergleich zu Johannes, der unter »Reich Gottes« den Anbruch des endzeitlichen Gottesgerichtes und der definitiven »Scheidung der Geister« verstand, vollzog Jesus einen einschneidenden Paradigmenwechsel, da für ihn mit dem Kommen des Reiches das befreiende und rettende »Gnadenjahr« angebrochen war (Lk 4,18f.). Das läßt auf weitere Formen der Vermittlung schließen.

So sehr die Evangelien im Recht sind, wenn sie Jesus die mit neuem Inhalt erfüllte Reich-Gottes-Verkündigung des Täufers fortführen lassen, wird man in diesem Zusammenhang doch ebenso an die Vision des Buches Daniel (7,14) zu denken haben, in der die Heraufführung des Gottesreiches dem vor dem Thron des »Hochbetagten« erscheinenden Menschensohn übertragen wird. Im selben Maß, wie sich Jesus im Sinn seiner häufigsten Selbstbezeichnung mit dieser Himmelsgestalt identifizierte, fiel auch der an diese ergangene Auftrag in seine Hand. Alles spricht dafür, daß er sich dabei an der danielischen Vision orientierte, in der, anders als in der apokryphen Überlieferung (äth. Henoch 46,3f.), vom Gericht noch nicht die Rede ist.

Was ihm damit überantwortet wurde, wird Jesus vollends im Gebet klar geworden sein, das, wie bereits angenommen wurde, den einleitenden Vaterunser-Bitten entsprach. Da er jedoch um das Gottesreich nicht beten konnte, ohne nicht zugleich der Gewährung dieser Bitte versichert worden zu sein, besagte das für ihn, daß die Sache Gottes ganz zu der seinen geworden war. Und das heißt des weiteren, daß er sich ganz in diesem Reich gespiegelt und ausgedrückt sehen konnte, so daß er es geradezu als seine soziale Selbstdarstellung empfinden mußte. Das mystische Wechselverhältnis mit den Seinen, zu dem sich der johanneische Jesus in seinem Abschiedsgebet (Joh 17,21 ff.) bekennt, nimmt hier, im Verhältnis des Botschafters zu dem von ihm proklamierten Gottesreich, seinen Anfang.

Vermutlich trifft auch die zusätzliche Annahme zu, daß sich diese extreme Gottesnähe schließlich zu dem Bewußtsein Jesu steigerte, Sohn Gottes in einem ausschließlichen und von keiner Kreatur jemals erreichten Sinn zu sein. Jeder Schritt, den er fortan zur Verwirklichung des Gottesreiches unternahm, führte ihn dann zu einer je tieferen Klärung seines Sohnesbewußtseins; aber auch umgekehrt wurde für ihn das Gottesreich von nun an zum Medium, das Glück seiner Sohnschaft an andere weiterzugeben und es in einer die Hörer einbeziehenden Weise auszusagen. Die Seligpreisungen und Antithesen der Bergpredigt, die den Hörer aufrüttelnden und erhebenden Bildworte und zumal die auf seine innere Umkehr abzielenden Gleichnisse sind die herausragenden Dokumente der Sprachleistung Jesu, durch die er die Umsetzung des Geheimniswortes »Reich Gottes« in eine verstehbare Menschensprache vollzog.

**Die Identität**

Ohne daß es bisher erkennbar war, wurden damit auch schon die Weichen für die Wiederaufnahme der Frage nach dem Weg gestellt, auf welchem Jesus zur Identitäts- und Selbstfindung gelangte. Er ist offensichtlich dem gewohnten diametral entgegengesetzt. Der durchschnittliche Mensch erlangt seine Identität durch Akte der Abgrenzung und Unterscheidung. Wir sagen »es« und »du«, um in einem vollbewußten Sinn »ich« sagen zu können. Wir finden am Widerstand, den uns das jeweilig andere entgegensetzt, zu uns selbst. Bei Jesus ist das auf eine geradezu revolutionäre Weise anders. Er gewinnt sich in Akten des Loslassens, des Hergebens, der Entäußerung und Übereignung. Deshalb kann er sich restlos ausgeben, ohne zu ermüden und sich davon erholen zu müssen. Im Dienst am Menschen und in der Hingabe an sie findet er zu sich selbst. Er gewinnt seine Identität somit in Akten, die deren Verlust herbeizuführen scheinen. Deshalb kann sein Lebensgeheimnis nur mit Paradoxen umschrieben werden: In seiner Entäußerung ist er bei sich, in seiner Schwachheit stark, indem er dient, der Herr. Das Gottesreich aber ist die Form seiner Entäußerung, die Gestalt seiner Hingabe, die Erscheinung seiner Liebe. Deshalb sind in ihm die üblichen Herrschaftsverhältnisse aufgehoben. Wer in ihm herrschen will, muß dienen; wer eine Vorrangstellung einnehmen möchte, muß die letzte Stelle einnehmen.

## Der Glaube

Darauf mußte nochmals zurückgeblendet werden, weil sich von hier aus eine bisher kaum ausgeleuchtete Dimension des Glaubens erschließt. Dazu bietet das Stichwort vom Menschensohn, der »nicht gekommen ist, um sich bedienen zu lassen, sondern um zu dienen« (Mk 10,45), den Schlüssel.

Indem er dient und sich dienend »vergibt«, macht sich Jesus in einer äußersten Weise auf diejenigen angewiesen, denen er sich übereignet. Angewiesen darauf, daß sie ihn aufnehmen, auf ihn eingehen und seinen Dienst erwidern. Eine solche Erwiderung ist der Glaube. Glaube hat demnach mit der Selbstfindung Jesu in den Seinen zu tun; er ist die ihm entgegengebrachte Zustimmung zu seinem Weg und, so gesehen, die menschliche Bedingung seiner Selbstfindung. Wer glaubt, bringt sich in den Identifikationsakt Jesu ein; er läßt ihn, durch sich, zu sich selbst kommen. In diesem Sinn betet er »dein Reich komme!«. Damit stimmt er ein in das urchristliche »komm, Herr Jesus«, das sowohl am Ende des Ersten Korintherbriefes (16,22) als auch am Schluß der Apokalypse (22,20) erklingt und nicht so sehr die Wiederkunft Christi beschleunigen als vielmehr seine inspirierende Selbstvergegenwärtigung herbeirufen will. Sofern er nämlich selbst der Inbegriff des Gottesreiches ist, zielt die Bitte um das Kommen des Reiches letztlich auf ihn und seine Gegenwart, nicht erst bei seiner Parusie, sondern jetzt schon, in der gegenwärtigen Fühlung seiner erfüllenden, stärkenden und aufrichtenden Nähe.

Wenn mit dieser mystischen Perspektive das Wesen des Glaubens auch keineswegs voll umgriffen ist, tritt damit doch ein in seiner bisherigen Interpretation vernachlässigtes Moment mit aller Klarheit in Erscheinung: seine Kreativität. Denn der Glaubende ist, wie sich nunmehr zeigt, nicht nur ein Nehmender, sondern auch ein im höchsten Sinn des Ausdrucks »Gebender«. Wenn daran noch ein Rest von Zweifel bestünde, würde er im Blick auf den präsentischen Sinn des »Maranatha« durch die Erkenntnis ausgeräumt, daß sich seine Zustimmung nicht so sehr auf den Identifikationsakt des historischen Jesus als vielmehr auf den des in der Glaubensgeschichte fortlebenden Christus bezieht. Immer wieder und immer neu antwortet dieser – wie im Johannesevangelium – auf die Resonanz, die ihm und seiner Botschaft in Zuspruch und Widerspruch entgegenschlägt, mit seinem »Ich bin es«, in dem er sich auf eine alle sprachliche Nennkraft sprengende Weise vergegenwärtigt. Und was könnte sich der Glaubende Höheres erträumen, als dazu mit seiner Zustimmung beizutragen?

### Die Entfremdung

Gebet ist, mit einem wohl erstmals von dem patristischen Denker EVAGRIUS PONTICUS gebrauchten Begriff ausgedrückt, die Erhebung des Geistes. Entschiedener als mit den beiden ersten Bitten des Herrengebetes kann das kaum noch ausgedrückt werden. Gebet ist nun jedoch auch stets ein Akt der Rettung. Zunächst in dem Sinn, daß der Beter im Aufschrei seines »De profundis« die rettende Heilandshand ergreift, die ihn, wie abschließend intensiver zu bedenken sein wird, dem Abgrund der Angst und Verzweiflung entreißt. Dann aber auch in dem Sinn, daß er sich mit seiner Fürbitte – und

Gebet ist wie der Glaube stets ein Akt der Stellvertretung und der Verbundenheit – für andere verwendet.

Im Fall des Reiches geht es jedoch noch um eine Rettung ganz anderer Art. Denn die Reich-Gottes-Idee durchlief eine hochdramatische Wirkungsgeschichte. Nachdem sie bei Paulus in den Hintergrund getreten und von ORIGENES wiederentdeckt worden war, wandelte sie AUGUSTIN zu seiner folgenschweren Zwei-Reiche-Lehre ab. Den Höhepunkt ihrer mittelalterlichen Rezeption verkörpert JOACHIM VON FIORE mit seiner triadischen Erweiterung der augustinischen Lehre zu der von einem Reich des Vaters und des Gesetzes, einem Reich des Sohnes und der Gnade und einem Reich des Geistes und der Liebe. Demgegenüber geriet der Gedanke in der Neuzeit in das Schwerefeld der Aufklärung, die ihn bei LESSING noch als Ziel der göttlichen Erziehung des Menschengeschlechts, bei FICHTE als das Menschheitsziel der mit der Freiheit versöhnten Vernunft und bei HEGEL als das Ziel des dialektisch bewegten Geschichtsprozesses begreift, dann aber – und jetzt im Schwerefeld einer radikalen Säkularisierung – zu den denkbar schrecklichsten Formen politischer Pervertierung führte: in der nationalsozialistischen Propaganda zur Proklamation des Dritten Reiches der totalen Gewalt und Unterdrückung, in der sozialistischen Ideologie zur Verheißung des Erdenparadieses, in beiden Zerrformen zum Inbegriff einer aus dem Abgrund heraufgestiegenen Hölle. Das vermochte weder die kirchliche noch die theologische Aufnahme des Gedankens aufzuhalten, die bei JOHANN B. HIRSCHER in dem Versuch gipfelte, die christliche Moral »als Lehre von der Verwirklichung des göttlichen Reiches in der Menschheit« zu entwickeln, während der Gedanke in der theologischen »Parallelaktion« ALBRECHT RITSCHLS, der ihn als Anleitung zu gelebter Nächstenliebe verstand, eine Wendung zu innerweltlicher Praxis nahm.

### Die strukturelle Passion

Mit dem Zentralmotiv der Botschaft Jesu zusammen gerieten aber auch die daraus abgeleiteten Ideen in den säkularistischen Sog, allen voran Glaube, Hoffnung, Liebe und das, was bei Paulus an die Stelle des Reich-Gottes-Gedanken tritt: die Freiheit. Noch am wenigsten war davon der Glaube betroffen, um so mehr jedoch die Hoffnung, die zum Fortschritt degenerierte, und ebenso die Liebe, die als Solidarität überlebte. Während bei diesen der Substanzverlust auf der Hand liegt, scheint die an die Stelle der Freiheit getretene Liberalität noch am meisten von ihrem ursprünglichen Gehalt in die säkularistische Abwandlung hineingerettet zu haben; doch springt auch hier das Gefälle in die Augen, wenn man den emanzipatorischen Freiheitsbegriff der Moderne mit dem »auferbauenden« der paulinischen Botschaft vergleicht. So gesehen ist es nicht zu hoch gegriffen, wenn man die aus dem Zentralbegriff der Verkündigung Jesu abgeleiteten Ideen einer ähnlichen Leidensgeschichte wie der seinen unterworfen sieht und von einer »strukturellen Passion« dieser Motive spricht. Doch selbst in einer solchen verkürzten und »herabgesetzten« Form wurden die Derivate der Reich-Gottes-Idee zu unverzichtbaren Prinzipien der demokratischen Lebensordnung, die ohne deren Formkraft nicht mehr zu denken ist. Insofern leuchtet auch in dieser Leidensgeschichte etwas von der Weisheit und sieghaften Kraft des Kreuzes auf.

So gesehen geht es bei der Bitte um das Kommen des Gottesreiches auch um das wachsende Verständnis dieser strukturellen Passion. Doch darf es die gewonnene Einsicht nicht bei der bloßen Feststellung des Tatbestandes bewenden lassen; sie muß sich vielmehr darauf konzentrieren, in den Verfallsformen die Urgestalt zu entdecken, um diese gegen die erlittene Verstörung zu behaupten. So wird das Gebet tatsächlich zu einem Akt der Rettung, verstanden als die Bemühung, den ebenso verhängnisvollen wie fruchtbaren Entfremdungsprozeß zumindest für die Sicht des Beters rückgängig zu machen und so auf das Kommen des Gottesreiches in seiner unverstellten Wirklichkeit hinzuwirken. Auf die Frage, was denn damit erreicht sei, wird man mit dem Hinweis antworten dürfen, daß noch alle positiven Innovationen wie die Abschaffung der Sklaverei und der Todesstrafe mit einem Bewußtseinswandel begannen und daß auch die Verwirklichung der Utopie des Weltfriedens nur deshalb noch in den Sternen steht, weil die Menschheit noch immer nicht lernte, ihre Konflikte mit Hilfe von »Gedanken des Friedens« zu lösen.

Für Paulus ist es eine ausgemachte Sache, daß keiner für sich allein lebt und für sich allein stirbt, sondern bei sämtlichen Lebensäußerungen in weltweiter Verbundenheit steht. Das gilt nicht zuletzt auch vom Akt des Gebetes. Deshalb wird sich der seiner Verbundenheit bewußte Beter bei der Bitte um das Kommen des Gottesreiches auch an diejenigen erinnern, die der säkularistischen Pervertierung der Sozialutopie Jesu zum Opfer fielen oder von dem ungezügelten Fortschrittsstreben in

Mitleidenschaft gezogen wurden. Doch damit treten auch schon die menschlichen Sorgen und Anliegen in sein Blickfeld, denen sich das Herrengebet in den folgenden Bitten zuwendet.

## *Das tägliche Brot*

Wenn sich das Herrengebet mit der Brotbitte den menschlichen Lebensnöten zuwendet, ist vor jeder weiteren Überlegung erneut nach seinem »Sitz im Leben« zu fragen zumal, die beiden Fassungen, in denen das von Jesus gelehrte Gebet überliefert ist, keinen Zweifel daran lassen, daß es als Jünger- und Gemeinschaftsgebet, nicht jedoch als Privatgebet gedacht ist. Eben damit stellt sich die mit großem Nachdruck von NORMAN PERRIN aufgeworfene Frage nach seiner Rolle und Funktion in der Urgemeinde.

### Der Ursprung

Seiner Überzeugung nach hat das Herrengebet seinen ursprünglichen Ort in der Tischgemeinschaft der Gläubigen, die sich bei ihrem Mahl der Gegenwart und Nähe des erhöhten Herrn versichert wußten. Nach PERRIN erlebten sie diese Gemeinschaft als eine Wiederaufnahme dessen, was Jesus selbst getan hatte, als er die »Erniedrigten und Beleidigten« seiner Zeit um den »Tisch der Sünder« versammelte, um sie die erbarmende Liebe Gottes und seine persönliche Zuwendung erfahren zu lassen. Wie die lukanische Urform der Seligpreisungen erkennen läßt, waren neben den ins gesellschaftliche

Abseits Gedrängten die Armen, die Hungernden und Trauernden, und damit jene, die unter den bedrückenden Verhältnissen der Zeit besonders zu leiden hatten. Ihnen war die Bitte um das tägliche Brot besonders aus der Seele gesprochen. So entsprach es dann auch der sozialen Verfassung der Urgemeinde, die sich nach Paulus vornehmlich aus denen rekrutierte, die im irdischen Sinn als ungebildet, gesellschaftlich einfluß- und bedeutungslos, ja geradezu als nichtswürdig gelten (1 Kor 1,27f.). Daß die Urgemeinde aufgrund überzogener Konsequenzen, die sie aus ihrer Naherwartung zog, in bittere Armut geriet, wird von den Quellen wiederholt bestätigt (Gal 2,10; 1 Kor 16,1–4; 2 Kor 8,9; Apg 11,29f.). Insofern fühlte sie sich bei ihrer Gedächtnisfeier in besonderer Weise daran erinnert, daß sich Jesus bei der von ihm aufgenommenen Tischgemeinschaft gerade auch der von der Brotsorge Bedrückten angenommen hatte. Wie sehr er sich den in kleinen Verhältnissen Lebenden verbunden wußte, spiegelt sich in seiner Frage:

> *Wer von euch wird seinem Sohn einen Stein geben, wenn er um Brot bittet, oder eine Schlange, wenn er um einen Fisch bittet, oder einen Skorpion, wenn er um ein Ei bittet? (Mt 7,9f.; Lk 11,12)*

**Das Rätselwort**

Umstritten ist bis heute die Bedeutung des Ausdrucks »täglich« in der Brotbitte. Da der Ausdruck nur an dieser Stelle vorkommt und durch keinen anderen erklärt wird, könnte er auch soviel wie »ausreichend« oder, wie SCHENKE meint, soviel wie »für morgen« bedeuten, so daß sich die Bitte auf das Brot für den kommenden Tag bezieht. Dieser Deutung steht indessen die ausdrückliche Warnung Jesu entgegen:

*Sorgt euch doch nicht um morgen; denn der morgige Tag wird für sich selber sorgen. Jeder Tag hat genug an eigener Plage (Mt 6,24).*

Wenn man Jesus nicht in Widerspruch zu dieser Warnung vor der auf den kommenden Tag ausgreifenden Sorge bringen will, wird man das umrätselte Wort doch mit »täglich« übersetzen müssen, da es sich dann auf den jeweiligen Tag mit seinen Kümmernissen und Plagen, darunter auch auf die Mühe um den nötigen Lebensunterhalt bezieht. Der Hinweis Jesu auf die Vögel des Himmels, die weder säen noch ernten noch Vorratskammern anlegen und doch vom himmlischen Vater ernährt werden (Mt 6,26), könnte freilich das Mißverständnis nahelegen, als solle durch die Brotbitte die Sorge um den Nahrungserwerb völlig der Vorsehung Gottes anheimgestellt werden. Doch dem steht allzu deutlich die Tatsache entgegen, daß Jesus auf allen Sektoren des Lebens den vollen Einsatz des Menschen erwartet, wenngleich mit dem Zusatzgedanken, daß das Gelingen nie als notwendige Folge dieses Einsatzes erhofft werden kann. Damit verhält es sich vielmehr wie mit der Tätigkeit des Sämanns, der einiges von seinem Saatgut schon auf dem Weg verliert, dem anderes auf steinigen Grund und unter die Dornen fällt, so daß kaum noch Hoffnung auf den überreichen Ertrag besteht, der sich dann doch noch, fast wider Erwarten, einstellt. Deshalb ist es vernünftig, am Ende, wenn alles in den menschlichen Kräften Stehende getan ist, zu sagen: »Wir sind unnütze Knechte; wir haben nur unsere Schuldigkeit getan« (Lk 17,10). Der Erfolg, das soll mit diesem strengen Wort gesagt sein, hat trotz allem, was auf ihn hinwirkte, den Charakter einer letztlich ungeschuldeten, unerhoffbaren Gewährung. Die Sorge aber läuft Gefahr, ihn herbeizwingen zu wollen. Dann wird sie zum Teufelskreis, in dem sich der Mensch verfängt und seine Freiheit verliert, auch die Freiheit, sich von Gott beschenken zu lassen.

**Unser Brot**

In der Urfassung des Herrengebetes taucht hier erstmals das Pronomen »unser« auf. Bei der Bitte um sein tägliches Brot richtet sich der Blick des Beters somit zugleich auf alle, die sich gleich ihm um ihren Lebensunterhalt mühen müssen. Was für die geistigen Güter eine Selbstverständlichkeit sein müßte, wird hier somit auch von den leiblichen behauptet. Denn mit anderem zusammen hätte die Wende von 1989 auch Klarheit darüber schaffen müssen, daß die Freiheit nicht nur denen vorenthalten war, die jahrzehntelang unter den Bedingungen eines systematischen Freiheitsentzugs leben mußten, sondern daß sie im Grunde auch jenen fehlte, die sich im »freien Westen« fühlten. Ihr Freiheitsentzug zeigte sich darin, daß sie sich ihres Privilegs nicht bewußt waren, daß sie es als eine Selbstverständlichkeit hinnahmen und darum vergaßen, daraus die dieser Vergünstigung schuldigen theoretischen und praktischen Konsequenzen zu ziehen. Denn Freiheit, so zeigte sich, gehört zu jenen höchsten Gütern der Menschheit, die man entweder mit allen oder überhaupt nicht hat. Daß ähnliches auch auf die Personwürde und die Gerechtigkeit, vor allem in Gestalt der Menschenrechte, zutrifft, zählt gleichfalls zu den großen und schmerzlichen Lehren der Zeit.

Nach dem Herrengebet gilt Gleiches auch für das tägliche Brot. Wer es erstrebt, muß es für alle erbitten. Denn es ist, wie ein aus orientalischer Tradition übernommenes Gleichnis sagt, die in die Menschenwelt heraufgestiegene Hölle, wenn die einen an reichgedeckten Tischen sitzen, während andere vor ihrer Haustür verhungern (Lk 16,19–31). Deshalb richtet der »König« im Gleichnis vom Weltgericht nach dem Gesichtpunkt: »Ich war hungrig, und ihr habt mich gespeist; ich war durstig, und ihr habt mich getränkt...; ich war nackt, und ihr habt mich bekleidet« (Mt 25,35f.). Da es dabei um das Gericht des »Menschensohnes« geht, ist damit aufs deutlichste gesagt, daß sich die gegenwärtige Lebenswelt um so fühlbarer dem Werdeziel des Gottesreiches annähert, je mehr für die Überwindung des Hungers in der Welt getan wird. Denn die Brotbitte rührt, wie bereits angedeutet, auch an den Komplex der »strukturellen Sünde« und damit an jene Notstände, die als Folgen sozialer Ungerechtigkeit die davon Betroffenen geradezu zu sittlichem Fehlverhalten treiben. Dazu gehört in erster Linie das Elend in den Hungergebieten der Erde. Mit karitativen Hilfsaktionen kann dieser Verelendung, so wichtig und nützlich sie sind, nicht Einhalt geboten werden. Hier muß sich die Bitte um »unser« Brot vielmehr in den Willen zu politischer und sozialer Abhilfe umsetzen. Erst dann wäre sie wirklich beherzigt.

Und doch wäre damit allenfalls eine der von Jesus geforderten Vorbedingungen erfüllt. Denn das Unglück der Welt besteht nicht so sehr in dem Leid, das durch schicksalhafte Notlagen und Naturkatastrophen über die Menschen hereinbricht, als vielmehr in dem, was sie sich gegenseitig antun. Im Menschenherzen, so sagt Jesus im Zusammenhang einer Jüngerbelehrung, liegt der Ursprung aller Übel und allen Unglücks (Mt 15,19). Darauf bezieht sich die folgende Bitte.

## *Die Vergebung der Schuld*

Es ist ein ganzes Rattennest von Bosheiten, die Jesus nach der Markusversion der Stelle im Menschenherzen entdeckt: »böse Gedanken, Unzucht, Diebstahl, Mord, Ehebruch, Habgier, Bosheit, Hinterlist, Ausschweifung, Neid, Verleumdung, Hochmut und Unvernunft« (7,21 f.). Denn damit wird fürs erste die für eine gelebte Mitmenschlichkeit unerläßliche Vertrauensbasis und in der Folge dann auch diese selbst zerstört.

### Der Teufelskreis

Es spricht für die psychologische Hellsichtigkeit Jesu, daß er das damit aufgeworfene Problem unverzüglich auch von der Gegenseite her beleuchtet, wenn er die Bitte um Vergebung mit der Begründung unterbaut: »denn auch wir vergeben unsern Schuldnern«. Das Böse, so gibt dieser Zusatz zu verstehen, ist oft auch das widererfahrene Unrecht, das die sündhafte Reaktion erst auslöst. Es ist ebenso oft Folge wie Ursache. Und gerade darin liegt das Übel, das die zwischenmenschlichen Beziehungen untergräbt.

Deshalb gehört es zu den Grundanliegen der Ethik

Jesu, den Teufelskreis, der durch das Rachebedürfnis des Gekränkten und Geschädigten entsteht und dazu führt, daß erlittenes Unrecht fast regelmäßig ein verübtes nach sich zieht und schließlich zu einer lawinenhaften Eskalation des Bösen führt, aufzubrechen. Deshalb sein Gebot: »Widersteht nicht dem Bösen«, das er in die Forderung zuspitzt, dem wütenden Schläger auch die rechte Wange hinzuhalten, demjenigen, der den Leibrock streitig macht, auch noch den Mantel zu überlassen und dem, der – vermutlich als Angehöriger der römischen Besatzungsmacht – dazu nötigt, ihm eine Meile lang sein Gepäck zu tragen, diesen Frondienst auch noch eine weitere Meile zu leisten (Mt 5,39ff.).

**Die Rücksicht**

Das ist trotz der Ungeheuerlichkeit dieser Forderungen um so mehr geboten, als der menschliche Egoismus dazu verführt, den Anspruch des anderen zu mißachten und den Fehler stets bei ihm anstatt bei sich selbst zu suchen:

> *Warum siehst du den Splitter im Auge deines Bruders, ohne den Balken in deinem eigenen zu bemerken? Wie kannst du denn zu deinem Bruder sagen: laß mich den Splitter aus deinem Auge ziehen, während in deinem eigenen ein Balken steckt? Du Heuchler: Zieh doch zuerst einmal den Balken aus deinem Auge; dann magst du zusehen, wie du den Splitter aus dem Auge deines Bruders entfernst (Mt 7,3ff.).*

Vorzugsopfer dieser verkehrten Optik sind die »Kleinen«, die nur allzu leicht übersehen und übergangen werden. Dabei wird man mit SCHENKE zunächst an die von Jesus mit besonderer Zuwendung gewürdigten Kinder zu denken haben, darüber hinaus aber auch an die von ihm im Blick auf ihre soziale Deklassierung als »Kleine« bezeichneten Jünger:

*Hütet euch davor, eines dieser »Kleinen« herabzusetzen! Denn ich sage euch: ihre Engel im Himmel schauen allezeit das Antlitz meines himmlischen Vaters (Mt 18,10).*

Schließlich bezieht er diese »Berücksichtigung« sogar auf diejenigen, von denen der Angesprochene annehmen muß, daß sie etwas »gegen ihn haben«; und er macht es zur Pflicht, von sich aus Schritte zur Verständigung und Versöhnung zu unternehmen. Dabei fällt auf, daß sich das Mahnwort an den adressiert, der im Begriff steht, eine Opfergabe zum Altar zu bringen. Denn offensichtlich wäre der Wert seines Opfers entscheidend gemindert, wenn er nicht zuvor den menschlichen Konflikt ausräumen würde (Mt 5,23f.).

## Die Vergebung

Die Begründung »denn auch wir vergeben unsern Schuldnern« fällt als sprachlicher »Fremdkörper« aus dem sonst so klar geformten Gebetstext heraus, wie HEINZ SCHÜRMANN urteilt, weil der Zusatz »ein zentrales Anliegen Jesu« zur Sprache bringt. Denn die Vergebung ist für beide Tradenten des Herrengebetes fraglos die Sache Gottes, die er insbesondere denen gewährt, die in ihm mit Hilfe der revolutionären Lebensleistung Jesu den Vater gefunden haben. Doch darf im Sinn Jesu – und deshalb dieser gewichtige Zusatz – auch kein Zweifel daran aufkommen, daß Gott seine vergebende Liebe von der Versöhnungsbereitschaft des Beters abhängig macht. Im Vergleich zur Matthäusversion, die den Zusatz mit dem geläufigen »wie« einführt, formuliert Lukas noch schärfer, wenn er den Betern die Versicherung in den Mund legt: »denn auch wir vergeben unsern Schuldnern«. Dafür verleiht Matthäus dem Zusatz einen kaum überbietbaren Nachdruck durch das Gleichnis vom unbarmherzigen Knecht (18,23–35), das er mit einer Wechselrede zwischen Jesus und Petrus einleitet. Auf dessen Frage: »Herr, wie oft soll ich meinem Bruder, der sich gegen mich versündigt, vergeben? Etwa siebenmal?« (Mt 18,21), gibt Jesus zur Antwort:

*Nicht siebenmal, sage ich dir, sondern siebzigmal siebenmal (18,22).*

Das Gleichnis aber spielt alles, was Menschen einander vorwerfen können, zu einer Bagatellschuld im Vergleich zu dem herab, was der Mensch durch die unzulängliche Nutzung seiner Talente und Chancen Gott schuldig bleibt. Wer trotz seines ständigen Versagens, das vom Evangelium für die mangelnde Heiligung des göttlichen Namens verantwortlich gemacht wird, auf Vergebung hofft, kann das nur, wenn er dem sich gegen ihn versündigenden Mitmenschen großmütig und vorbehaltlos vergibt.

### Die Befähigung

Hier stößt die menschliche Bereitschaft freilich auf enggezogene Grenzen. Dennoch liegt die Antwort auf die Frage, woher die Kraft dazu genommen werden soll, nahezu auf der Hand. Dabei ist zunächst an das elementare Interesse Jesu an der Vermenschlichung der Lebenswelt zu denken, die durch kaum etwas schlimmer beeinträchtigt und gefährdet wird als durch Feindschaft, Rachsucht und Unversöhnlichkeit. Deshalb richtet sich sein kritischer Blick in erster Linie auf diese die zwischenmenschlichen Beziehungen zerstörenden Bosheiten, die er vor allen anderen aus den Menschenherzen hervorquellen sieht. In der vorbehaltlosen und tatkräftigen Aneignung dieses Interesses besteht ein erster Hinweis auf das, was zur Vergebung motiviert und befähigt.

Den zweiten und entscheidenden Hinweis gibt die Gottesanrede »Vater«. Denn mit einer solchen Erkühnung verbindet sich das Wissen, zu einem alle innerweltlichen Zielvorstellungen überbietenden Werdeziel berufen zu sein: zur Gotteskindschaft. Diesem Ziel entgegenstreben schließt jedoch unausweichlich die Bereitschaft ein, ein Leben im »Stil« dieses Gottes zu führen und sich für die Verwirklichung seines Reiches einzusetzen. Doch in dieser Dimension kehren sich die gewohnten Verhältnisse um, da mit jedem Schritt deutlicher wird, daß alles Wissen einer vorausgehenden Erleuchtung und jede Initiative einer ermöglichenden Bestärkung entstammt, weil Göttliches nur durch Gott selbst ins Werk gesetzt werden kann.

Gradmesser einer solchen »Beeinflussung« ist aber nicht etwa ein quietistisches Sichzurücknehmen, sondern der volle und ungeteilte Einsatz. Zwar ist das Kennzeichen der mit dem Kindsein erreichten Vollendung, wie schon NIETZSCHE im Zarathustrakapitel von den »drei Verwandlungen« sah, die spielerische »Leichtigkeit« des Seins wie des Tuns; doch meint er damit die aufs höchste gesteigerte Spannkraft des künstlerischen Aktes, dem es, ungeachtet seiner extremen Kräftekonzentration, so vorkommt, als sei ihm alles eingegeben und geschenkt. Das gilt aber uneingeschränkt auch für die Gotteskindschaft. Sie ist die Einheit von Bewegung und Ruhe, Verausgabung und Sammlung, Tat und Sein. Deshalb müssen gerade die, die alles in ihren Kräften Stehende getan haben, sich zu dem Bekenntnis durchringen: »Wir sind nur unnütze Knechte; wir haben nur unsere Schuldigkeit getan« (Lk 17,10). Und deshalb fügte der, dem es gegeben war, das Evangelium »in weitem Bogen von Jerusalem bis nach Illyrien auszubreiten« (Röm 15,19), dem stolzen Wort, daß er mehr geleistet habe als alle anderen, das demütige Bekenntnis hinzu: »doch nicht ich, sondern die Gnade Gottes in mir« (1 Kor 15,10).

Auch wenn die Komposition der Bergpredigt in beiden Fassungen als das Werk der jeweiligen Evangelisten anzusehen ist, macht die Matthäusversion doch durch ihre Zuordnung den Hintergrund deutlich, vor dem die Vergebungsbitte erst ihr volles Profil gewinnt. Denn hier folgt das Vaterunser, nur durch einen Hinweis auf die »Selbstlosigkeit« des von Jesus geforderten Verhaltens unterbrochen, auf das Gebot der Feindesliebe (5,43–48). Wie der Hinweis auf den Gott, der sogar »gütig ist gegen die Undankbaren und Bösen« (Lk 6,35), unterstreicht, geht es dabei zweifellos um das Schwerste und dem menschlichen Instinktverhalten Fremdeste, das jemals als sittliche Forderung erhoben worden ist:

> *Liebt eure Feinde und betet für die, die euch verfolgen, damit ihr Söhne eures himmlischen Vaters werdet, der seine Sonne aufgehen läßt über Böse und Gute und regnen läßt über Gerechte und Ungerechte (Mt 5,44f.).*

Zwar bezieht auch dieser Spruch Jesu nach der subtilen Deutung MARTIN BUBERS »seine Leuchtkraft aus der jüdischen Welt, in der er steht und die er zu bestreiten scheint«; zugleich aber »überstrahlt« er sie. Denn die Begründung Jesu lautet nicht wie in ihrer alttestamentlichen Vorbildung: »denn ich bin heilig« (Lev 19,2), sondern: »seid vollkommen, wie euer himmlischer Vater vollkommen ist« (Mt 5,48). Somit ist eine Gesinnung nach dem Maß dessen gefordert, der auch gegenüber den »Undankbaren und Bösen« gütig ist und damit, wie NIETZSCHE in seinem tiefsinnigsten Wort über Jesus sagt, nach dem Maß dessen, der sich sogar in seinen Peinigern liebte.

### Die Begründung

Um so mehr ist dann zu fragen, wie Jesus die Aufforderung, dieses allen Instinkten und Traditionen widerstrebende »Joch« auf sich zu nehmen, mit der Begründung unterlaufen kann: »denn mein Joch ist sanft, und meine Bürde ist leicht« (Mt 11,30). »Leicht« fällt diese extrem schwere Last, im Kontext der bisherigen Ableitung gesehen, dem, der zur Gotteskindschaft gelangt ist und als solcher im Vorgriff auf das kommende

Gottesreich und dessen Formgesetz lebt. Wie er durch sein Denken und Handeln im Sinn der über die Friedfertigen ausgerufenen Seligpreisung Frieden stiftet, setzt er dem Ansturm des Hasses die siegreiche Kraft der Liebe entgegen. Denn er ist dadurch, daß er zu Gott in ein Kindesverhältnis trat, den kreatürlichen Verhaltensweisen überhoben. Getragen von der sich in seine Schwachheit herablassenden Gotteskraft, gelingt es ihm, auch dort Gutes zu tun, wo er keinen Dank zu erwarten hat, und selbst dort zu lieben, wo er nicht wiedergeliebt, sondern abgelehnt und angefeindet wird (Lk 6,32ff.).

Die Tür zur vollgültigen Begründung wurde indessen erst von KIERKEGAARD aufgestoßen, der den ersten Teil seiner »Einübung im Christentum« (von 1850) nach Art einer großangelegten Paraphrase der Einladung Jesu an die Bedrückten und Bedrängten (Mt 11,28) gestaltete. Umgetrieben von der Frage, worin sich Jesus bei aller Übereinkunft mit den großen Wohltätern der Menschheit von diesen unterscheidet, erkannte er: »Der Helfer ist die Hilfe«. Danach besteht der erfragte Unterschied darin, daß Jesus in und mit seinen Gaben zusammen – wie keiner vor und außer ihm – sich selber gibt, so daß sein Wirken von Akten der Selbstübereignung ausgeht. Hierin besteht, wie bereits deutlich wurde, das innerste »Ansinnen« des Glaubens an ihn. Und hieraus ergibt sich auch die Lösung des Paradoxes von dem sanften Joch und der leichten Last. Daß beides gilt, erklärt sich daraus, daß er sich auch in seinen Forderungen selber übergibt, daß er sie also durch Akte der Selbstgewährung »erleichtert«. Er tritt somit, bildlich gesprochen, mit unter die von ihm auferlegte Last, so daß diese ihre drükkende Schwere verliert. Im Licht seiner Selbstgewährung gesehen, ist diese »Jochgemeinschaft« nur ein Bild für die Verbindung mit dem, der das Licht und die Stärke der Seinen sein will, so daß deren Denken und Handeln letztlich nur Ausdruck und Folge ihrer Lebensgemeinschaft mit ihm ist. Nichts wird damit von der Härte der Forderung zurückgenommen; wohl aber wird sie dadurch »erleichtert«, daß sie der Fordernde selbst auf sich nimmt und voranträgt. Was hier gilt, ist somit das Ethos der Nachfolge auf jenem Weg, von welchem derjenige, der ihm Bahn brach, sagen konnte: »Ich bin der Weg« (Joh 14,6).

## *Das De profundis*

In der lukanischen Urfassung schließt das Herrengebet mit der Bitte: »Und führe uns nicht in Versuchung!« Sie wurde offensichtlich von Matthäus irrtümlich als ergänzungsbedürftig empfunden und deshalb durch die Bitte vervollständigt: »sondern erlöse uns von dem Bösen!« Indessen nimmt ihr diese Ergänzung ihre Stoßkraft, tiefer gesehen sogar ihren Sinn, der sich nur in der Urfassung wirklich erschließt.

### Die Barrieren

Freilich setzt das die Überwindung von zwei Barrieren voraus. Die erste bezieht sich auf die Bedeutung von »Versuchung« (peirasmos), die gemeinhin eschatologisch verstanden und auf die endzeitliche Bedrängnis, wie sie in den Parusiereden der Evangelien zum Ausdruck kommt, bezogen wird. Die ungleich schwere

Barriere erhebt sich jedoch durch die Vorstellung, von Gott selbst in die Versuchung »geführt«, womöglich sogar gedrängt zu werden. Dem kommt das Paulus-Wort entgegen, das gleichzeitig aber auch schon einen Einwand enthält:

> *Wer zu stehen meint, sehe zu, daß er nicht falle. Noch ist keine übermenschlich schwere Versuchung über euch gekommen. Denn Gott ist treu; er wird nicht zulassen, daß ihr über eure Kraft hinaus versucht werdet (1 Kor 10,12f.).*

Aufschlußreich ist in diesem Zusammenhang auch die Mahnung Jesu bei seinem Gebetskampf in Getsemani: »Wacht und betet, damit ihr nicht in Versuchung geratet!« (Mk 14,38). Denn damit wird zwar immer noch im Sinn des für die Bibelsprache typischen Rückgangs von den empirischen Zweitursachen auf die göttliche Erstursache angedeutet, daß es letztlich Gott selber ist, der die Versuchung verhängt; doch wird derselbe Gott zugleich als derjenige angerufen, der vor dieser Gefahr bewahrt. Das aber neutralisiert den Gedanken von einer Verursachung der Anfechtung durch Gott in einer Weise, daß die Versuchlichkeit des Menschen als Folge seiner Kontingenz erscheint, so daß sich die Frage nach der göttlichen »Verantwortung« dafür auf die allgemeine reduziert, warum überhaupt »Seiendes ist und nicht Nichts« (HEIDEGGER).

**Der Abgrund**

Doch diese Frage gehört wie die nach dem Dasein des Menschen zu jenen Daten, die nicht mehr erkundet und theoretisch erklärt, sondern nur noch erlitten und durch die Weisheit des Leidens geklärt werden können. Kaum einer blickte tiefer in diesen Abgrund hinab als KIERKEGAARD, der zunächst schon als erster erkannte, daß die Frage nach dem Menschen unter dem Druck der modernen Lebenswelt neu gestellt werden muß: nicht mehr im Sinn der klassischen Frage »Was ist der Mensch?«, sondern existentiell, wie sie in der biblischen Paradiesgeschichte dem straffällig gewordenen Menschen nachgerufen wird: »Wo bist du?« (Gen 3,8). In der Tiefe des Abgrunds entdeckte Kierkegaard sodann – und vor allem – den Zwiespalt, in dem dieser fragwürdige Mensch begriffen ist: den Zwiespalt zwischen seinem verzweifelten Willen, er selbst in Akten individueller Selbstbehauptung zu sein, und in dem nicht minder verzweifelten Widerwillen dagegen. Das könnte man vereinfachend auf den Satz zurückführen, daß der Mensch wie nie zuvor in seiner Geschichte in ein Zerwürfnis mit sich selbst geraten sei. Was er zuvor als seine fraglose Vergünstigung empfand, zu sein und sein zu dürfen, wurde ihm unversehens zum Problem. Seither empfindet er seine Existenz nicht mehr als beglückende Gabe, sondern als bedrückende Last, so daß er, mit GUARDINI gesprochen, die »Annahme seiner selbst« als seine elementare und allen anderen vorgeordnete Lebensaufgabe empfindet. Solange ihm diese »Annahme« nicht gelingt, ist ihm sein Lebenssinn verdunkelt, fehlt ihm jene Zuflucht und Beheimatung, nach der ihn das

»Wo bist du?« befragt. Und im selben Maß befällt ihn die Angst, ins Bodenlose zu versinken: die Angst, die ihm schließlich wie dem sinkenden Petrus in der Episode des Matthäusevangeliums (14,30) den Notschrei »Herr, rette mich« auspreßt.

## Angst und Gebet

Daß an dieser Stelle weitergedacht werden kann, ist das Werk GERTRUD VON LE FORTS, die in ihrer Meisternovelle »Die Letzte am Schafott« (von 1931) die Angst in eine erstaunliche Beziehung zum Gebet setzte. Demnach ist die Angst ein vorzeitig abgebrochenes Gebet und dieses eine bis in ihre letzten Tiefen durchgehaltene Angst, bis dorthin, wo nach dem Wort der Dichterin kein weiteres Fallen mehr möglich ist, weil der radikal Geängstete an den göttlichen Grund allen Seins und Geschehens rührt. Denn im Gebetsakt löst sich der Beter aus dem Netz der innerweltlichen Beziehungen, in die er ebenso verstrickt wie befestigt ist, um sich auf den ihm absoluten Halt verheißenden Gott zu begründen. Doch im Übergang dazu verdunkelt sich ihm das angestrebte Ziel, während die innerweltlichen Sicherungen brechen. So glaubt er tatsächlich ins Bodenlose zu versinken, bis er in einer letzten Aufwallung den Schrei nach dem ihm allein noch verbleibenden und jetzt mit dem Mut der Verzweiflung gesuchten Gott ausstößt.

So gipfelt jedes Gebet in einem »De profundis«, das schon im Augenblick der Äußerung seiner Erhörung versichert ist. Selbst in dem Fall, daß die Anrufung zunächst nur von der Option, daß Gott sei, ausgeht, erhebt sie sich doch schon im Vollzug zur Gewißheit seiner Existenz, weil sie sonst in sich zusammenbräche. Denn einen nur vermuteten Gott kann niemand anrufen, obwohl die Verifizierung der anfänglichen Hypothese nur von ihm selber ausgehen kann. Insofern ist jedes Gebet, mit MARTIN BUBER gesprochen, »die Bitte um Kundgabe der göttlichen Gegenwart, um das dialogische Spürbarwerden dieser Gegenwart«. Im Gebet geht es somit, wie immer sein Anlaß sei, um Gott. Es ist im Grunde seine, nicht des Beters Sache. Deshalb gilt von dieser letzten Bitte wie von den beiden ersten, daß sie ihrer Erhörung gewiß sein darf. In solchem Sinn ist kein Gebet vergeblich, auch das unerhört gebliebene nicht. Denn wenn ihm auch die Gewährung des speziellen Anliegens versagt bleibt, wird ihm doch unzweifelhaft das gewährt, was es von seinem Aktsinn her erbittet: Gott.

Darauf bezieht sich die letzte Bitte. Sie bedarf keines abrundenden Zusatzes, weil sie sich nach Art einer Hyperbel zu Gott hin öffnet. Er selbst führt sie ans Ziel, indem er den Beter seine rettende Gegenwart erfahren läßt. Aufschreiend bekommt er wie der sinkende Petrus die rettende Heilandshand zu fassen, die ihn selbst dann noch hält, wenn er im Abgrund des Todes versinkt. Nein, sinnvoller als mit der Bitte »und führe uns nicht in Versuchung« konnte das Vaterunser nicht ausklingen, wenn sie nur als der Notschrei des von der schlimmsten Anfechtung bedrohten, also des verzweifelnden Menschen verstanden wird.

## Gebet und Glaube

Gebet ist, auf den Begriff gebracht, die mit der ganzen Existenz gestellte Gottesfrage. Und es ist deren Beantwortung, sofern es sich in der Fühlung der Gotteswirklichkeit vollendet. Doch eine Frage will nicht nur durch eine Erfahrung, und sei es selbst die des letzten und unverbrüchlichsten Haltes, beschwichtigt, sie will ihrem ganzen Wesen nach beantwortet werden. Beantwortet wäre sie jedoch nur unter der Voraussetzung, daß die vom Beter erhoffte Selbstkundgabe Gottes nicht nur in einem »Spürbarwerden« seiner Gegenwart, sondern in einer wirklichen Selbstmitteilung bestünde, also in einer Antwort, wie sie der mit einer Frage verbundenen Erwartung entspricht. Beantwortet wäre sie somit erst unter der Bedingung, daß sich Gott offenbart.

Der theologische Erkenntnisfortschritt, der im Lauf der letzten Jahrzehnte gerade auf dem Feld des Offenbarungsverständnisses erzielt wurde, bringt es mit sich, daß diese Antwort nicht in einem expliziten Wort – so der jüdische Prophetismus – oder gar in einem heiligen Text – so der Islam – zu suchen ist, sondern in dem gefunden werden kann, was dem »dialogischen Spürbarwerden« der Gottesnähe am nächsten kommt: in der Erscheinung Jesu als der leibhaftigen Selbstvergegenwärtigung Gottes in Raum und Zeit. Denn nach christlichem Verständnis ist er der Offenbarer Gottes, und dies sowohl in seinem Reden wie Schweigen, in seinem Handeln wie in seinem Leiden, zumal aber im Ereignis der Auferstehung und darum in der Totalität seiner Person- und Selbstdarstellung. In ihm und seiner Lebensgeschichte gibt sich Gott zu verstehen. Durch das, was er ist, sagt und leidet, bringt Gott das, was mit der Fühlung seiner Nähe begann, zuende und fordert er den Glauben an sich ein.

Darauf zielt die in und mit dem Gebet gestellte Gottesfrage; darin findet sie die erwartete Antwort. Gebet und Glaube bilden somit entgegen ihrer allgemeinen Einschätzung keine unterschiedlichen Welten; sie gehören vielmehr aufs engste zusammen. Das Gebet schafft die Voraussetzung des Glaubens, und dieser führt die Intention des Gebetes zum Ziel. Das Gebet ist, bildlich ausgedrückt, die Wurzel des Glaubens und dieser die Blütenkrone des Gebets. So gesehen entspricht es einem fundamentalen Zusammenhang, wenn der Getaufte, nachdem er vor dem Taufakt den Glauben bekannte, danach das Vaterunser spricht, und von daher ist es auch gerechtfertigt, daß das Glaubensbekenntnis im Eingangssatz Gott »den allmächtigen Vater« nennt. Denn damit weist es in Form einer uneigentlichen Wendung auf den hin, den das anschließende Herrengebet mit dem Namen anruft, mit welchem Jesus den Himmel gestürmt und das Herz Gottes erschlossen hat: mit dem kindlich vertrauenden »Abba – Vater«. Glaubensbekenntnis und Vaterunser sind somit die beiden Arme, mit denen wir auf den Gott zugehen, der uns dem Abgrund der Verzweiflung entreißt und uns in ein Kindesverhältnis mit sich zieht. Es sind, mit GOETHE gesprochen, die »zweierlei Gnaden«, durch die uns Gott in der Heimsuchung »preßt« und durch die er uns in die Freiheit der Kindschaft entläßt.

# NACHWORT

Unwillkürlich weckt der Schlußgedanke die Erinnerung an das Umschlagbild des vorliegenden Buches mit der Lichtgestalt des Auferstandenen, der in die Unterwelt der menschlichen Verlorenheit herabstieg, um die in ihr Gefangenen in seine Freiheit zu führen. Mit seiner machtvollen Gebärde macht er deutlich: Ich bin die leibhaftige Antwort auf euren Notschrei; ich hole euch aus eurer Nacht heraus in mein Licht! Wie dem sinkenden Petrus reiche ich auch euch die Retterhand, die euch dem Abgrund eurer Lebensangst und Todverfallenheit entreißt, um euch an mein Herz zu ziehen.

Nochmals trifft uns sein Blick, nicht versehrend, wie Nietzsche behauptete, sondern bestätigend, ermutigend und erweckend. Und dieser Blick besagt: Du würdest mich nicht suchen, wenn ich dich nicht zuvor gesucht und an mich gezogen hätte. Tritt herein in meinen Lichtkreis; denn in mir erwarten dich alle Schätze der Weisheit und der Erkenntnis, weil sich das Gottesgeheimnis in mir wie sonst nirgends klärt. Immer tiefer sollst du begreifen, daß ich in allem, was ich sagte, tat und litt, das an dich gerichtete Wort des Vaters bin. Ich bin zu dir herabgestiegen, um dir zu leuchten und dich in ein lebenslanges Gespräch mit mir zu ziehen.

Indem wir uns aber von diesem Blick treffen und von dieser Hand ergreifen lassen, wird uns bewußt, daß Gebet und Glaube nur zum geringeren Teil unsere Leistung sind. Denn über die Jahrhunderte hinweg macht uns die »Anastasis« aus der Chora-Kirche klar, was die glaubensgeschichtliche Stunde geschlagen hat: Der Geglaubte ist aus der Höhe seiner Herrlichkeit herabgestiegen, um uns zum Glauben an ihn zu bewegen. Was er uns zu sagen hat, ist die kindlich vertrauende Gottesanrede, mit der er den Himmel stürmte und uns das Herz des Vaters erschloß. Er legt sie uns auf die Lippen. Wenn wir sie ihm nachsprechen, hat das Leben mit und in ihm begonnen.

## *Literatur*

K. BERGER, Einführung in die Formgeschichte, Francke Verlag, Tübingen 1987.

K. BEYSCHLAG, Evangelium als Schicksal. Fünf Studien zur Geschichte der Alten Kirche, Claudius Verlag, München 1979.

W. BÖHME und J. SUDBRACK (Hrsg.), Der Christ von morgen – ein Mystiker? Grundformen mystischer Existenz, Echter Verlag, Würzburg 1989.

C. BREYTENBACH und H. PAULSEN (Hrsg.), Anfänge der Christologie (= Festschrift für Ferdinand Hahn), Verlag Vandenhoeck & Ruprecht, Göttingen 1989.

E. DREWERMANN und E. BISER, Welches Credo?, Herder Verlag, Freiburg 1993.

H. FRANKEMÖLLE und K. KERTELGE, (Hrsg.), Vom Urchristentum zu Jesus (= Festschrift für Joachim Gnilka), Herder Verlag, Freiburg 1989.

J. GNILKA, Jesus von Nazaret. Botschaft und Geschichte, Herder Verlag, Freiburg 1990.

W. KERN, Geist und Glaube. Fundamentaltheologische Vermittlungen zwischen Mensch und Offenbarung, Verlagsanstalt Tyrolia, Innsbruck 1992.

E. KLINGER und K. WITTSTADT (Hrsg.), Glaube im Prozeß. Christsein nach dem II. Vatikanum (= Festschrift für Karl Rahner), Herder Verlag, Freiburg 1984.

H. KÜNG, Credo. Das Apostolische Glaubensbekenntnis – Zeitgenossen erklärt, Piper Verlag, München 1992.

P. NEUNER und H. WAGNER (Hrsg.), In Verantwortung für den Glauben (= Festschrift für Heinrich Fries), Herder Verlag, Freiburg 1992.

F. PORSCH, Viele Stimmen – ein Glaube. Anfänge, Entfaltung und Grundzüge neutestamentlicher Theologie, Verlag Butzon & Bercker, Kevelaer 1982.

J. RATZINGER, Einführung in das Christentum. Vorlesungen über das Apostolische Glaubensbekenntnis, Kösel-Verlag, München 1968.

J. SAUER (Hrsg.), Wer ist Jesus Christus?, Herder Verlag, Freiburg 1977.

L. SCHENKE, Die Urgemeinde. Geschichtliche und theologische Entwicklung, Verlag Kohlhammer, Stuttgart 1990.

R. SCHNACKENBURG, Die Person Jesu Christi im Spiegel der vier Evangelien, Herder Verlag, Freiburg 1993.

TH. SCHNEIDER, Was wir glauben. Eine Auslegung des Apostolischen Glaubensbekenntnisses, Patmos Verlag, Düsseldorf 1991.

G. THEISSEN, Lokalkolorit und Zeitgeschichte in den Evangelien. Ein Beitrag zur Geschichte der synoptischen Tradition, Verlag Vandenhoeck & Ruprecht, Göttingen 1992.
A. VÖGTLE, Offenbarungsgeschehen und Wirkungsgeschichte. Neutestamentliche Beiträge, Herder Verlag, Freiburg 1985.
A. VÖGTLE, Die Dynamik des Anfangs. Leben und Fragen der jungen Kirche, Herder Verlag, Freiburg 1988.

•

# *Register*